中公新書 1658

梶井厚志著

# 戦略的思考の技術

ゲーム理論を実践する

中央公論新社刊

# はじめに

　われわれの身のまわりには、戦略的な考えを用いて行動すべきこと、戦略的な考え方をしてはじめて理解できること、知らず知らずのうちに戦略的な考え方が実行されていることが多くある。戦略的にものを考えるとはどういうことか、戦略的に考えることによってどのようなことがわかるのかを、なるべく多くの身のまわりの事例を使い解説していくことが、本書の目的である。

　本書で展開される戦略的な考え方を論理的に、数学的に記述したものが、「ゲーム理論」である。ゲーム理論が経済学で重要な役割を果たしているのは、経済問題を理解するために、戦略的な思考法が欠かせないことと、ゲーム理論が戦略的な考え方と行動方法を論理的に記述するすぐれた道具であるからである。ゲーム理論を用いた経済分析手法は、いまや経済学の専門家にとって不可欠のツールになっている。本書は数式を使わないゲーム理論への入門書でもある。

　堅苦しくならずに読み通せるように、なるべく普通の言葉で気軽に読めるような記述を心がけ、ゲーム理論の学問体系や専門用語にはあえて深く立ち入らないことにした。それでも第Ⅰ

部の第2章、第3章は、初歩のゲーム理論の講義のテキストとして使われることも念頭において書いたので、他の部分にくらべて読みにくく感じられるかもしれない。そのようなときには第II部から読みはじめてもさしつかえない。

私の専門は経済理論であるが、本書では楽しく読めることを優先して、理論家にはあるまじき論理的に不正確な表現を使用したり、専門家が見れば思わず顔をしかめるような論理の飛躍もあえて随所に取り入れている。しかし、一般に専門家は小事にこだわるもので、たいていの場合、読者はそれらを気にしないほうがよい。そこで、論理の詳細を明らかにして議論するのは専門家向けの論文や教科書にゆずることにして、私はこの本をおおらかな気持ちで書くことにした。こだわりを捨てたほうが私の精神衛生上も好ましいのである。具体的かつ明示的に取り上げた事例に関してはできる限り正確な記述を心がけたが、そのような事例の他に、少なからずおかしな例もちりばめてある。それらの素性のアヤシイ例は読者の理解を助けるよう意図的に挿入されたものであって、読者にはそれとわかるように書いたつもりである。

取り上げている例は経済問題が多いものの、経済学を体系的に学んだことのない読者を想定して本書は書かれている。そもそも、経済学が取り扱う現象は多岐にわたり、身のまわりで経済問題ではない事柄を探すほうがむずかしいから、その意味での経済を知らなかったり、興味がなかったりする読者はそう多くはないはずである。本書が身のまわりの経済現象を考えていくための意外なヒントとなり、本書の読後にこれまで思いもよらなかった意外な事柄に気づいていただければ幸いである。

戦略的思考の技術　**目次**

# I　戦略的思考のススメ——戦略的思考の基礎

# 第1章　戦　略

## *1*　戦略的環境とは

閉店間際のデパートの地下食料品売り場では、値下げのシールをめぐって権謀術数が繰り広げられる。店は翌日に持ち越すことのできない商品を、値下げをしてでも売り切ろうとしているが、値下げのタイミングが早すぎれば売上に響くから、定価で買う気がある人がいるうちは値下げをしたくない。一方で、この時間帯には値下げされてから買おうという常連客も出撃して来ていて、お目当ての商品の売り場から適度な距離を保ってあたりを徘徊しつつ、シールが貼られるのを辛抱強く待つ。すると、しびれを切らしたかのように、20%引きのシールをもった人が、ワゴンを押しつつ店の奥から登場する。それに応じてめざす商品との間合いを微妙に詰め、他の競争相手が自分の進路に踏み込まないように体を寄せていくこの常連さんたちの鋭い動きは、イタリア代表サッカーチームの守備を彷彿《ほうふつ》とさせる。

この店と常連さんたちとの駆け引きの構図は、値引きを知らない、あるいは値引きを気にしないで商品を買いあげてしまうサラリーマンが登場すると一変する。こういう人が来てくれれば、店は値引きをする必要がなくなるからだ。無邪気なこの人に対し常連さんたちがいっせいに冷ややかな視線を浴びせかけるのは、彼の登場によって店と常連さんたちの駆け引きが一気に店側に有利になってしまったことを常連さんたちは知っているからなのだ。

このように、自分のとる行動だけでなく、他のさまざまな人の行動と思惑がお互いの利害を決める環境を**戦略的環境**と呼ぶ。すなわち、自分にとっての利害が、単に自分がどうするかだけではなく、他の人がどうするかに依存して決まる環境が戦略的環境である。また、自分が戦略的環境のもとに生活していることを認識して、合理的に行動すべく意思決定することが、**戦略的思考法**である。**戦略的分析**とは、社会経済現象を戦略的環境における戦略的思考にもとづく意思決定の結果としてとらえ、分析していく手法を指す。

複数の人間が社会生活を営んでいる以上、われわれの経済社会において、自分の行動が他人の利害にまったく影響を与えない、あるいは他人の行動が自分にとっての利害にまったく影響を与えないという状況はまずありえない。デパートの地下食品売り場で刺身を1パック買うという行動でさえ、販売するデパートにとっての利害にかかわるだけでなく、他の誰かがその1パックを買うことを妨げることで、見知らぬその人の利害に関係するのである。無人島に住んで自給自足の生活でも送らない限り、そのような利害関係から逃れることはできない。もっとも、その無人島でさえも、大気の状況や周辺の海の環境はどこかに住む他の誰かの行動によって影響を受けている。

したがって、程度の差はあれ、われわれの身のまわりで観察されるどのような事柄でも、戦略的環境において意思決定が行われた結果であるといえる。言い換えるならば、われわれは社会生活を行っていく上で、好むにしろ好まざるにしろ、戦略的な思考をして効果的な戦略を見出し実行する決断を常に迫られているのである。いつどのような製品を売り出すか、どのような価格を設定するかを効果的に行うためには、ライバル企業の出方を予想することが不可欠であるし、どのような購買者をターゲットにするか、顧客とどのような契約を結ぶかについても、相手の顧客の事情を織り込んではじめて効果的な意思決定ができる。

そのような戦略的な意思決定をしなければならないのは、ビジネスの世界だけに限らない。会社や学校へ行くときの服装ひとつをとっても、あなたの身なりを見た人がどう感じるかによってその人があなたに対してとる行動は異なってくるであろう。スカートの色や丈、ネクタイとスーツの組み合わせなども、それを目にする人々の印象と行動を織り込んで戦略的に決定されるべきなのである。何気ない一言が、思わぬ結果を招いてしまう経験は誰しもあることだが、言葉の選び方も重要な戦略的決定のひとつである。誰をどのように誘うか、どこに食事に行くばよいわけなのだが，われわれは一計を案じて，大学図書館の間の書籍の貸し借りの制度を利用して，この本を所蔵している他大学の図書館から借りて勉強することにした．図書館にその旨申請したところ，図書館からは，書籍の貸し借り制度は研究補助を目的とするものであって，個人的趣味のためにこの制度を利用するのはまかりならぬ，としごくもっともな返事の手紙がやってきた．

気の弱い私は，これを見て赤面し恐れ入ってしまったのだが，なんとM氏は，われわれの研究テーマは「ゲーム理論」であり，この本は研究上必要なのであると平気で返答した．明らかに「ゲーム理論」が何なのかよくわからなかった図書館員であったが，その年のノーベル経済学賞はゲーム理論の研究者が受けたのだというM氏の追い討ちに，結局かしこまってわれわれの要求をとおしてくれた．

これは少しはずかしいことではないだろうかとM氏に言ったら，彼は平然としてこれは研究活動の一環であると主張した．こんな神経をしているやつはきっとえらくなると思ったら，実際そうであった．しかし，肝心のバックギャモンの腕前は彼が一番上達しなかった．

か、誰といつ結婚するか、子供をどのように教育するかなども、相手の利害を読み込んではじめて賢明な行動を選択できるはずのことなのである。

ところが、人々は自分のおかれた戦略的環境をかならずしも意識しているわけではない。自分のおかれた戦略的環境の構造を理解して合理的に決定しているかどうかは疑わしい。また、実際には戦略的な思考の結果とられている行動であるのにもかかわらず、われわれがその意義に気づいていないことも実は数多いの

**「ゲーム理論」はゲーム攻略の理論か？　その1**

「ゲーム理論」というのは少々不幸な名前である．私自身もそうであったが，この言葉から連想されるのは，通常「ゲーム」の必勝法かなにかの研究ということであろう．

私は一時期バックギャモンというすごろくのようなゲームに凝った．アメリカにいる時代だが，同僚の2人とずいぶんやった．午後5時を過ぎると，誰からともなくお互いのオフィスをたずねあって，対戦をはじめるわけである．そのうちの1人は現在東京大学で教鞭をとるM氏であるが，当時3人の中では彼がもっとも強かったと思う．もっともわれわれのレベルはそれほど高くなかったが．

もう1人は現在イエール大学のM氏である．こちらのM氏と私は自分たちの技量が多少劣っていることを認識していたので，何とか一矢を報いるべく，バックギャモンの戦略本を探して調べようということになった．

書籍のデータベースでよさそうな本を見つけたのだが，残念ながら当時われわれ3人が所属していたペンシルバニア大学の図書館にはそれがなかった．書店に注文して取り寄せれ

である。本書を読み進むうちに、しだいに読者の戦略的思考の感覚はとぎすまされ、身のまわりにある戦略的環境の構造が見えてくるようになるであろう。

戦略的環境での意思決定を考える道具が**「ゲーム理論」**（**game theory**）である。映画「ビューティフル・マインド」（2001年）のヒットで、ゲーム理論の名前が一般に広い範囲で聞かれるようになったのは喜ばしいことである。ゲーム理論は、1920年代にフォン・ノイマン（Johann

Ludwig von Neumann 1903~57）によってその基礎の重要な部分が創られ、「ビューティフル・マインド」のモデルになったナッシュ（John F. Nash Jr. 1928~）をはじめとする何人かの研究者により行われた1940年代から1950年代にかけての研究により、その骨格と方向性が定まった。その後、ゲーム理論は社会科学のさまざまな方面で応用されている。その中で、おそらくもっとも盛んに使われているのが経済学の分野であろう。実体経済現象の理解に、市場分析だけではなくゲーム理論的分析を用いることが不可欠なものであると認識されており、経済学の専門家たちがゲーム理論の手法を用いて分析した経済問題の例は数多く知られている。企業などの経済主体の行動決定が、自分の都合だけではなく、消費者やライバル企業などの他の経済主体の出方などを総合的に分析した上でなされているという事実を認識しなければ理解できない経済問題は数多いのである。

## 2　戦略とは何か

戦略的環境において、自分が自分の自由意志のもとにとりうる行動を、その将来にわたる予定を含めて記述したものを**戦略**（**strategy**）という。戦略を把握することなしに、戦略的思考は語れない。戦略とは、もともとは戦争での策略を指す言葉であったはずだが、われわれの関心のある戦略的環境での戦略の意味ははるかに広く、意思決定をする主体の利害にかかわるどのような行動も戦略としてとらえられる。

ビジネスの文脈では、たとえば自社製品をより安く販売するか、あるいは現状を維持するのかということが、それぞれ戦略であり、また具体的にいくらに設定するか、2000円にするのか、3000円にするのか、それぞれの価格がひとつひとつの戦略である。あるいは、若者をターゲットにするのか、中高年をターゲットにするのかなど、どのような顧客層をターゲットにするのかもひとつひとつが戦略である。

どのような服装をしているかで、その日に起ることごとに影響を与えるであろうから、通勤通学にどの服をどのようにして着るかも戦略である。善悪は別にして、行く大学によって運命は左右されるから、どの大学をどのように受験するかは戦略であり、さかのぼって、どのように受験勉強をするかも戦略である。誰にどのようなタイミングで何をプレゼントするかなども、われわれの人間関係を形作る重要な戦略である。

このように何が戦略になりうるかを挙げていってもまったくきりがない。それもそのはずで、われわれのどのような行為の選択も、微小なりとも何らかの影響があるから、戦略としてみなせるはずだからだ。しかし、自社製品をどのように売るべきかを考えるときに、朝着ていく服の心配をしても仕方がない。意思決定をする人の対象と目的によって、またわれわれが戦略的発想で分析する対象になる社会経済現象によって、どのような戦略を対象にすべきかはおのずから決まってくる。したがって、まずは何を知りたいのか、また分析したいのか、その対象を決めてから、それに関してどのような戦略を考慮すべきかが決まってくるのである。

戦略の詳細も考え出すときりがない。われわれの人間関係を形作るひとつひとつの戦略はたいへんデリケートなものだが、その微細な構造をすべて明らかにすることには無理があるし、また戦略的環境の効果的な分析には役立たない。戦略は、ある程度おおらかに、分析対象のポイントを押さえて分類することが大切だ。電気製品の場合、若者をターゲットにして開発する戦略と、中高年をターゲットにして開発する戦略の比較をすることには意義があっても、17歳より20歳をより意識する戦略と、20歳より17歳を中心のターゲットにする戦略を比較することの意義は疑わしい。一方で、学習参考書の著者はそのような細かな年齢区分を想定して戦略を考えなければならない。合コンに出かけることひとつをとっても、ネクタイや洋服の選択、化粧の仕方からはじまり、待ち合わせ場所にいつ到着するか、誰のとなりに座ってどのように会話をはじめるかなど、自分の運命を左右する数限りない戦略的決断を刻一刻と迫られるのだが、それらの戦略の微細構造をすべて気にしていてはちっとも楽しくない。

## 3　戦略集合の確定

戦略の分類の方針が定まっていても、それにしたがって自分にできることを明らかにするというのは、単純な作業に見えてそうではない。自分のとりうる戦略を正確に把握することは思ったよりもむずかしい。しかし、とりうる戦略のリストを意識することなしには、戦略的思考を開始することはできない。不完全にしろ、自分のとりうる戦略には何があるのかを考える姿勢が大切である。

私がはじめて買ったパソコンのハードディスクの容量は10メガバイトであったが、当時はこ

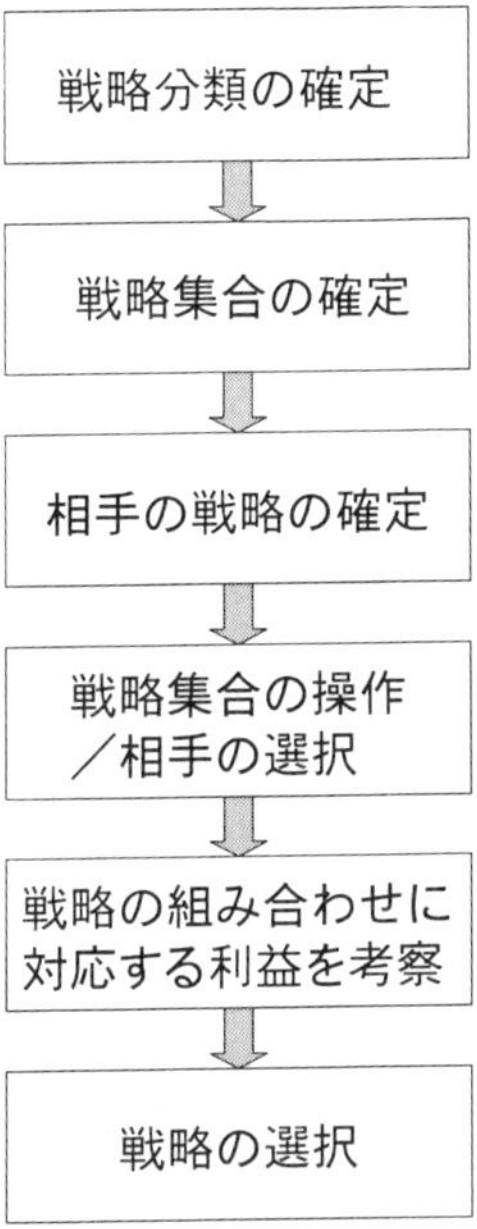


戦略的思考のプロセス

れだけのサイズを埋めつくすほどはたしてファイルが作れるものだろうかなどと心配していた。いまやデジタルカメラにはいる、切手より少し大きいくらいのスマート・メディアでもその10倍以上の記憶容量があるし、1000メガバイトのハードディスクでも小さすぎて不便を感じるようになってしまった。

2001年に日本経済新聞社がまとめた「21世紀の新技術・研究開発調査」によれば、企業が期待する新世紀技術のランキングは、1位が高速道路交通システム（ITS）、2位がマイクロマシーン、3位にITS対応装置、4位が光触媒、5位に燃料電池自動車となっている。これらの技術は現時点では期待どおりのビジネスになるかどうかはっきりしない。また、現在考えられていないこと、あるいはこんなものがと予想だにしなかったことが実用化され、われわれの生活に浸透していくかもしれない。おそらく、22世紀のはじめにこの調査結果を見直したとき、人々は、100年前の人々はこんなことがビジネスになると考えていたのだ、あるいはこの頃にはこんなビジネスはあまり期待されていなかったのだなと驚くことであろう。

思い悩んで決断できないでいる人は、2種類に分類できる。ひとつ目は、自分のとるべき戦略がいくつかあって、そのどちらが好ましいかわからないで決断できない人であって、もうひとつは、自分のとりうる戦略の集合、すなわち戦略の選択肢のリストアップができていない人である。前者の場合は、戦略的思考力を強化することで道が開けるが、後者の場合は対策がむずかしい。自分ではとることができない、自分の選択肢に入らないような戦略を考えているのがまさに悩みの原因であるからだ。自分にできることが何なのかがわからないために損をしている例は少なくない。

私はカウンセリングの専門家ではないが、大学で教員をしているため、勉強の仕方がわからないとか、将来の進路で迷っているなど学生から雑多な悩みの相談を受ける。私の見るところ、その多くの場合がこの第二の種類に属する。彼らの場合、まず自分はこうありたい、こうあるべきだという漠然としたイメージはあるのだが、それを実現する手段は何なのかがわからないため、それが悩みの種になっている。夢を追うのは結構なことなのだが、どのような行動を積み重ねていけばその夢の実現に結びつく可能性があるのか、それをまずリストアップすべきなのである。私のカウンセリングも戦略のリストアップのお手伝いと呼んだほうが正確である。それらの戦略のどれを選ぶべきかを決定するのは自分の問題であって、そのためにはせいぜいこの本を買って読めというぐらいしかアドバイスはできない。

## 4　相手の戦略

戦略的環境では、自分のとりうる戦略だけではなく、自分の利害に関係する相手の戦略をも考えなくてはならない。自分の利害が相手の行動の選択に依存する以上、相手がどのような戦略を用いるかを想定することなしに、効果的な自分の戦略を見出すことはできないからだ。

初心者向けの囲碁の本を見ると、「3手の読み」の大切さが強調されている。囲碁は2人で交代に黒石と白石を盤上に置いて陣地を囲いあうゲームだが、ここで3手というのは、自分のこれから打つ手、それに対して相手の打つ手、それに対して自分がどうするのかの3つの着手を指す。交互に石を置くゲームだから、相手の反応を予想してその先の自分の行動を決めておくのはしごく自然な発想なはずなのだが、これが結構むずかしい。初心者の場合、自分の都合はしっかり意識しているが、相手がどういう選択肢をとりうるかということをすっかり忘れてしまい、理由もなく相手の着手を自分の都合で勝手に決めつけてしまうので、相手の着手が自分の読みから外れて大いに驚くことになる。不思議なことにかなり上級者になってもこれはけっこう頻繁に起こるらしい。もっとも、囲碁の場合はそれがこのゲームの楽しみといえるだろう。

「相手に理解を求める」という表現がある。何か利害の調整をしなければならなくなったときに、好んで使われる表現であるが、その最たる例が外交問題が生じたときであろう。コメの輸入自由化が日米間で外交問題化したとき、メディアで報道された政府の方針が、わが国の立場を説明してアメリカに理解を求めるというものであったことは記憶に新しい。しかし、はっきりお互いに利害関係のある戦略的環境にいながら、相手に理解を求めるのはいかにも無策である。この場合、相手にどのような戦略がとれるのかを調査するのが先決で、その上でお互いの利害がどのように関連しているかを調べることからはじめるべきなのである。

自分の意にそぐわないことを相手がしたとき、それに対して文句をいうのは人情であるが、戦略的思考を重んじれば、まずは気を落ち着けて自分が文句を言ったときに、相手がどのような戦略で立ち向かってくる可能性があるのかリストアップしてから考えるべきである。一時の感情に流されて苦情をもちかけたはよいが、意外な相手の反発にあって窮してしまうのではつまらない。気になる人の携帯電話のスイッチがなぜか切られていて連絡不能になっていたとしても、見知らぬ香水の香りがシャツについていたとしても、いきなり相手を詰問するまえに、相手がどのような行動を返してくる可能性があるかをまず考えるべきだ。相手に開き直り戦略をとられて手におえなくなる可能性も考慮しつつ、問い詰める言葉を選ぶのが肝要である。

## 5　戦略的な戦略集合の操作

相手の戦略に何があるのかが重要な意味をもつことから、戦略の集合は何であるのか相手に確定させることも戦略的思考の重要な位置を占めることがわかる。戦略的関係にある相手には、できるだけ自分に有利になる戦略を与えておくべきだし、自分に不利になるような戦略は相手に与えないほうが望ましい。

デパートのおもちゃ売り場で、子供に何でも買ってあげるから、と勝手におもちゃを選ばせるのは、自主性を育てるという見地からは好ましいかもしれないが、戦略的な立場からみるとかならずしも好ましくはない。子供は、何が自分に選択可能なのかがよくわかっていないから、「何でも」といわれてもかえって混乱してしまい、結局は見るからにつまらないものを選んでしまう。子供が選んだあとになって、親がそれはだめだというのは契約の不履行の一種であるから、意地になった子供が泣き出してしまうのは無理もない。これは、本来子供の戦略の集合を確定させる力があったにもかかわらず、はじめにそれをしなかった親の責任である。子供に選ばせたいものがあるならば、戦略の集合をそのように確定すべきである。

最近は変わってきたとはいえ、それでも服装に関心のある人は男性よりも女性のほうに圧倒的に多い。全体数で見てそのような差があるのだから、あなたの彼氏がもつ服装のセンスを評価したとき、よい場合よりも悪い場合のほうが多いのは当然だ。しかしながら、私の経験上、これはその男の人に服装のセンスが生まれつき欠如しているのではなく、普段から芸能人のアクセサリーに目を配ったり、美容院で1時間も雑誌に目を通しておくなど、そのような地道な訓練をおこたっていることが原因になっていることが多いのだ。訓練のできていない人が、いざおしゃれをしようとしても、真剣さが空回りをするばかりである。彼の直面する戦略的環境は、デパートのおもちゃ売り場で泣き叫ぶ子供のものとさして違いはないのだ。

その結果、せっかくのアルマーニのスーツを着ても、シャツの袖が馬鹿に短かったり、足元にスーパーマーケットで3足1000円で買った白い靴下が光ってしまったりするわけだ。そんな場違いな服装をしてきてしまった彼を頭ごなしにしかってはいけない。間違いなく彼は真剣なのだ。要は訓練が足りないために、せっかくのその場に臨んでも、自分にとって選べる服装の戦略をしっかり認識していないから混乱してしまっているにすぎない。スーツをクレジットカードで買った時点で自分の戦略の集合を見失ってしまっているのである。また、本人はそれで格好がよいと思っているはずなのだから、その点も戦略的に考慮すべきで、いきなりそれはダサいなどと評価するのは愚の骨頂である。

このような場合、やはり相手に戦略の集合をどのように認識させるか、ということが戦略的思考の見地から重要になる。ネクタイや靴下の色にはじまり、あなたの気に入らないことはゴマンとあるのであるが、それを矢継ぎ早に相手に告知しても話はこじれるばかりだ。相手は自分の戦略の集合がはっきり理解できていないのだから、いきなり雑多な情報を流し込むのはかえって危険であることを認識しておく必要がある。こういう場合、たとえば、スーツが素敵だとかネクタイが似合っているなど、まずは軽く相手の服装を一言誉めて敵の努力に報いたあと、でもそのスーツとネクタイだったらシャツの袖はもう少し長いほうがいいかも、くらいに言っておく。こうすれば敵の頭の中にはシャツの袖の長さを短いままにするか、あるいはもう少し長くするか、という2つの選択肢だけとなるため、彼が評価しなければならない戦略の数は大幅に減少する。こうしておけば、次回のデートでつんつるてんのシャツを着てくることはまずない。シャツの長さを征服したら、次は靴下の色、シャツの形と材質というように、相手が一度に考えなければならない戦略の数をふやさず、一歩一歩進むことが肝要である。このような注意深いプロセスを用いても相手の服装が改善されない場合は、相手には本当にセンスがない。世の中にはそんな人もいるものだ。そのような場合はあきらめていただきたい。

このような戦略の集合の戦略的な操作は、いろいろな商売で生かされている。手ごろな値段で夕食が楽しめるレストランで、長大なワインリストを出されても困惑するばかりである。大体そのような店では3つの価格帯のワインをそろえている。微妙に値段の違う世界各国のワインをリストに並べても、相当のワインファンでなければ混乱してしまうのは必定である。そして混乱した人は、下から2番目の値段のワインを注文するもので、それは一番安いものだと連れてきた女性に馬鹿にされるのを恐れるからで、それ以上の理由はない。したがって、客にとっての戦略の集合は、実質的には下から2番目の価格帯のワインだけであるから、そこに店にとって利益率の大きいワインを並べておけばよい。もっとも、店側にとって利幅が大きくもっとも有利なのは最高級のワインではあるが、リストにそれらが書かれているのは戦略的に2番目の価格帯を目立たせるおとりにすぎない。

ところが、もう少し高級なレストランだと、食事やワインの値段は男性に手渡されるメニューにしか書かれていない。その場合は相手を気にせず一番安いものを注文しやすくなりそうかというと、問題はそれほど単純ではない。値段がわからない女性はメニューを見て、あるいはソムリエの意見を聞いてためらうことなく高級ワインを指名したりする。また最近の女性にはワイン通も多いので、黙ってこちらに任せている様子であってもとうてい安心はできない。無知を装っていてもそのような女性には、こちらのワインの選び方から気持ちの奥底まで見透かされる可能性まであるから、ここでの意思決定はキューバ危機でのケネディ大統領の決断並みの困難をきわめる。そのような危機的状況に直面したとき、そもそもなぜその女性を高級レストランに連れてきたかという事情まで勘案すれば、予定外の出費を拒むことができる男性は世の中にそれほど多くはない。一方で、値段を男女両方に見せてしまえば、ワインの選択は共同作業という気持ちが高まり、女性のほうも自分のほうから高価なワインを頼みづらくなって、結果的に右で述べた下から2番目効果が働いてしまう。つまり、この場合は女性に値段を見せないことによって、レストラン側にもっとも有利なワインを戦略の選択肢に含ませることができるのである。油断もすきもあったものではない。

コンピュータのソフトウエアの性能をどこまで要求するかは、それを使う人のコンピュータへの習熟度に依存する。職業がら私は世間一般の人に比べればコンピュータを使いこなさねばならない人間であるから、本当に基本的性能しかないソフトウエアだと少々仕事に支障をきたすことになろうが、それでもたとえば最近のマイクロソフトの統合ソフトウエアを完全に使いこなしているとはとても言いがたい。使っていない機能のほうがはるかに多いのである。だからといって、使用者の多様なニーズに合わせて多種のソフトウエアを用意しても、その内容がわからない消費者は安いほうから2番目のソフトウエアを買うだけであろう。それよりは、多機能のものだけを売り出し、願わくば使いはじめたユーザーがその機能を評価してくれることを期待したほうがメーカーの戦略としてはすぐれている。

多数の商品を同時に購入することを要求する抱合せ販売とは、いくつかの商品を抱き合わせて売ることで、消費者のとりうる戦略の集合を意図的に変える戦略的な操作である。消費者に被害を与える抱合せ販売自体は違法であるが、実行の仕方によっては合法的で、消費者もこれを喜んでくれる。デパートの福袋はあからさまな例だが、家電製品販売時に保証期間の延長契約を勧めたりするのもこの一種である。同時にそろえなければ意味がないものを分割して販売し、片方を安値で売ってしまうのもこの応用だ。コピー機やコンピュータのプリンターなど、ハードウエアのほうは安く販売しておくと、消耗品のトナーは利幅を高くできる。携帯電話を買って通話をしない人はまずいないから、携帯電話を安く売っておくのもその例である。

この本を書店で手にとっている人は、この本がどのように置かれていたかに注目してほしい。私としては平積みにうずたかく積みあがっていることを強く期待しているのであるが、いかがであろうか。というのも、消費者は高く積まれているものから先に注目する傾向があるからである。ゴマンとある本の中でも、平積みになっている本は消費者の購買対象になりやすく、それだけ売れる機会が多くなる。駅の売店がお弁当やみやげ物のまんじゅう類の箱を平積みにするのも、同様なテクニックで、これも高く積めばそれだけよく売れるのである。

## 6　戦略的に相手を選ぶ

戦略的利害の生じる相手の選択も、戦略的環境で重要な意味をもつ。なぜなら自分と利害が一致する人との間には戦略的あつれきは生じないし、逆に直接利害関係が生じそうな人と戦略的な関係を結ぶのは好ましくないからだ。

人に用事を頼むとき、その人がしなければならないことのついでにできる作業は頼みやすい。これからスーパーマーケットに買い物に行く人に、ついでにキャベツを1つ買ってきてもらう頼みがすぐに聞き入れられるのは、相手と自分の利害がほぼ一致しているからである。これを家で寝転んでくつろいでいる人に頼んでも、そううまくはいかない。相手の選び方が大切だ。

企業同士の合併は、1つの企業が相手の企業を飲み込むのが基本であって、大企業同士の対等合併はなかなか成功しない。合併する以上、合併する企業の目的と利害はある程度共通していることには間違いないが、具体的にどのような作業をするかという問題になると、誰しも自分のやり方を急に変えたくはないから利害関係が発生する。そのような状態で、複数のグループが意思決定の権限をもつということは、戦略的あつれきが生じるような相手をみずから作ることに他ならない。組織内の統率度が重要な軍隊では上から下への命令体系が厳しく維持されていることや、対等合併をした銀行がシステムトラブルを起こしてしまうことは偶然ではないのだ。

# 第2章　先読みと均衡

## 1　戦略的思考法の原則

戦略的な分析法や思考法の中心になるのが、「先読み」と「均衡」の考え方である。この章では、非常に単純な寓話を例にとり、戦略的思考はどのように使われるものなのか、その原則を明らかにしていくことにしよう。

架空の競合する2つの週刊誌、AとNがあるとしよう。両誌とも発売日は火曜日で、主な購読者は通勤途中に買って読む人々である。話にもう少し具体性をもたせるために、潜在的な購読者の数は10万人いるとしよう。読者のほとんどは、両誌ともに目を通すことはなく、見出しが面白そうならば買うし、そうでなければ買わない。両方ともに面白そうな見出しが出ているときには、どちらか1つだけを買う。

さて、ある週の見出しになりうる重大記事は、とある銀行の破綻に関する経済関係の記事と、ある議員の逮捕に関する政治関係の記事の2つしかなかった。A誌の編集部では、経済関係の記事の見出しに興味を感じる読者が8万人、政治記事の見出しに興味を感じる読者を2万人と見積もっていた。話を簡単にするため、両方に興味をもっている読者はいないものとする。A誌はどちらの見出しを選ぶべきだろうか。

## 2　戦略の評価

この場合のA誌の戦略は、「経済の見出しをつける」か「政治の見出しをつける」の2つと考えるのが妥当であるのは議論を要さない。そのように戦略の集合を確定したあと、その中のどの戦略を選ぶかを決定するためには、当然それぞれの戦略が自分にとってどれだけの利益をもたらすのか評価しなければならない。

経済記事の読者のほうが政治記事の読者よりも多いから経済記事にすべきだと考えるのは、あまりに短絡的である。商売敵のN誌も雑誌を発売するのだから、当然読者の取り合いになるはずである。N誌の見出しが政治記事ならば、8万人の読者がA誌を買うだろうが、運悪くN誌の見出しも経済記事だとすると、8万人の読者を取り合うことになる。その結果、A誌を買うのはおそらく4万人程度しかいないと予想すべきだ。この事情を理解していれば、A誌が合理的に行動の決定を行うためには、N誌の行動に依存して、自分の行動がどのような結果をもたらすかを考察することが欠かせないことがわかる。

自分にとっての利害が自分の戦略だけではなく相手の戦略にも依存する状況で、自分の戦略だけを切り離して評価するという発想は戦略的思考とはいえない。戦略的環境では、自分個人の戦略を独立に評価するのではなくて、自分と相手の戦略の組み合わせを評価すべきであって、それによってはじめて戦略的環境の構造が明らかになりはじめるのだ。戦略的分析は、自分の事情だけを考えるという発想を捨て去ることからはじまる。

> **原則1**　自分が最終的に受け取る利益（結果）は、自分の戦略行動のみならず他人の戦略行動にも依存することを認識し、自分と相手の戦略の組み合わせを評価する。

この原則に沿って、A誌の直面する環境を整理してみよう。N誌の見出しの選択は、火曜日になってN誌が店頭に並ぶまでA誌にはわからないから、A誌は相手の行動を観察する前に見出しを決定する必要がある。相手の行動が観察できないとはいっても、この週に使える見出し

| | | N誌の見出し | |
|---|---|---|---|
| | | 経済 | 政治 |
| A誌の見出し | 経済 | 4 | 8 |
| | 政治 | 2 | 1 |

A誌の読者数（単位：万人）

表1　A誌の行動決定　その1

は経済と政治の2つしかないことはN誌にもわかっているはずである。それではA誌が政治記事を見出しにしたらどうであろう。N誌の見出しが政治記事ならば、2万人の読者を取り合うことになり、N誌の見出しが経済記事であれば、2万人の読者を得られる。一方、A誌が経済記事を見出しに使うと、N誌の見出しが政治記事ならば、8万人の読者を取りこむことができ、N誌の見出しが経済記事であれば、8万人の読者を奪い合うことになる。まとめると、A誌が獲得できる読者の数を、表1のように整理できる。

さて、この環境で、A誌はどのように考えるべきであろうか。A誌が政治記事を見出しにしたらどうであろう。N誌の見出しが政治記事ならば、2万人の読者を取り合うことになるから、これは経済の見出しで8万人の読者を得られるのと比較すればかなり分が悪い。一方、N誌の見出しが経済記事だとすると、A誌は政治に興味をもつ2万人の読者をそっくり取り込むことができるが、こちらも経済の見出しを出しておけば、読者の取り合いになるとはいえ4万人の読者を確保できることはすでに見た。まとめると、N誌がどちらの見出しを選ぼうが、A誌としては政治記事よりは経済記事の見出しを使うほうがすぐれていることになる。よって、相手の行動を戦略的に考慮しても、A誌は経済の見出しを選ぶべきだと結論できる。

右の分析をもう少し詳しく見てみよう。A誌の行動決定は、N誌がどのような行動をとってくるかを予想し、その結果、相手がどういう行動をするにしても「経済」という戦略のほうがよい、という論理にもとづいている。ここには2つの戦略的思考の原則が潜んでいる、まず第一は、

**原則2　自分の行動を決める際には、まず相手の行動をさまざまに予想し、それに対してその自分の行動が適切かどうかを判断する。**

である。自分の戦略の効果が、相手の戦略の選択に依存するのだから、相手の行動を予想しつつ自分の戦略を評価することはしごく当然のことであるが、問題は相手の行動をどう予測するかである。相手の意思決定を自分で制御できない以上、相手の行動のすべての可能性を考慮すべきである。原則1にしたがい戦略環境を整理しておくのは、想定すべき相手の戦略の可能性を自分に意識するために効果がある。

次に、A誌の「経済」戦略がもたらす結果が「政治」戦略がもたらす結果よりもすぐれているという結論が、N誌がどのような戦略を採用するにしても正しい点である。言い換えると、

相手の戦略を想定しきれなくても、「経済」戦略は最善なのだ。戦略的環境の分析でもっとも神経を使うのは、相手の戦略の予想であるはずだが、その予想が仮に誤りであっても最善であるような戦略があれば、その戦略をとるべきであることは疑問の余地はないであろう。これが第二の点である。

**原則3** もしある戦略が、どのように予想された相手の戦略に対しても、自分の他の戦略よりもすぐれているならば、その戦略を選択すべきである。

## 3 予想と均衡

右の例では、戦略的分析の原則にしたがって考察された結果は、戦略的思考なしの単純な比較での結論と一致している。このような一致は珍しくはないが、もとより常にそうなるわけではない。この点を理解するために、右の例で、経済の記事の見出しに興味を感じる読者が6万人、政治記事の見出しに興味を感じる読者が4万人であると前提を変えてみよう。N誌の見出しが政治記事だと想定すると、A誌が経済の見出しを使えば読者は6万人で政治の見出しならば4万人を分け合うので2万人の読者を得る。よって、相手が政治記事の見出しを使うならば経済の見出しを使うほうがまさる。しかしながら、N誌の見出しが経済記事だとすると、経済の見出しを使えば6万人の取り合いになるから読者は3万人で、政治の見出しならば4万人をそのまま確保できるから、政治の見出しを使うほうが好ましい。この環境では、相手の見出しと重ならないようにするのが好ましい戦略であるといえる。再び原則1にしたがい、このあたりの事情を、表2のようにまとめておこう。

| | | N誌の見出し | |
|---|---|---|---|
| | | 経済 | 政治 |
| A誌の見出し | 経済 | 3 | 6 |
| | 政治 | 4 | 2 |

A誌の読者数（単位：万人）

**表2　A誌の行動決定　その2**

原則2にしたがって、まずは相手がどのような行動をとっているかを予想してみよう。

相手の行動は観察できないのだから、政治の見出しであるか経済の見出しであるか、可能性は半々であると予想するのはどうか。もしこの予想が正しければ、A誌としては経済の見出しのほうが好ましい。なぜなら、どちらの見出しを選んでも、N誌とかち合ってしまう可能性は同じだから、どうせなら読者の多い経済の見出しを選んだほうが得だからだ。

しかしながら、N誌の見出しの可能性を半々に見積もるというのは、戦略的思考からいくと少々物足りない。なぜなら、N誌のほうでもA誌の見出しには重大な関心をもっているはずで、N誌もA誌同様、読者の数の見積もりをたてて、いかにして読者を増やそうか腐心しているはずだからである。N誌の見出しの可能性を半々に見積もるというときに、A誌はこの事情を考慮していなかった。

戦略的環境において、相手の行動を自分勝手に予測してはならない。相手の行動を予測するためには、相手がなぜその行動をとりたがるのか、掘り下げて考える必要があるのだ。戦略を選択するからには、それ相応の理由が相手にもあるはずだ。そのような相手の戦略的思考まで掘り下げないことには、自分の戦略の選択を効果的に行うことはできない。戦略的環境においては、自分と相手の戦略の組み合わせを評価すべきということはすでに述べたが、その評価には自分にとっての儲けだけでなく、相手にどのような利益があるのかまで含まれなければならないのだ。

**原則4**　相手の戦略を予測するためには、可能な戦略の組み合わせから得られる相手の利益を、相手の立場で評価し考察するべきである。

表3はこの原則をふまえ、A誌の獲得読者数の右どなりに、そのときにN誌が獲得できる読者の数を書き込んである。これによって、N誌にとっての行動と利益の関係が把握できるから

だ。

両誌は長い間の競争相手で、書く記事も似たようなものであるとすると、読者の数の見積もりでそう大きな差が出るとは考えにくい。そこで、N誌のほうでも経済関係の記事の見出しに興味を感じる読者が6万人、政治記事の見出しに興味を感じる読者が4万人であると見積もっていると考えるのが、A誌にとって自然であろう。この前提が正しいときに、N誌がA誌の見出しが経済記事であると予想したとしよう。すると、N誌も右で展開した議論を当てはめることができるはずであるから、競合しないように政治の見出しをつけるはずである。N誌が政治の見出しならば、競合しない経済の見出しをつけるのはA誌にとっても好都合である。この場合、両誌とも自分の予想する相手の行動に対して最善をつくす行動をとる予定であり、しかも相手の予定の行動は自分の予想したものと合致しているという意味で、釣り合いが取れていることに注目されたい。この状況を指して、両誌の予想は**均衡**しているという。

予想が均衡するためには、相手のとりうる戦略と、その戦略がお互いにどのような利益を与えるのかをお互いに把握している必要が

| | | N誌の見出し | |
|---|---|---|---|
| | | 経済 | 政治 |
| A誌の見出し | 経済 | 3，3 | 6，4 |
| | 政治 | 4，6 | 2，2 |

A誌とN誌の読者数（単位：万人）

表3　A誌の行動決定　その3

あることに注意しておこう。自分にとって効果のある戦略を探すためには、利害関係のある相手の戦略を予測する必要があるのは当然のことである。戦略的思考のポイントは、相手がとる行動も何らかの戦略的思考にもとづいていることを織り込んで自分の行動を決めることにある。もし、自分の予測する相手の戦略が、自分がまさにとらんとする戦略に対してベストをつくしていないとしたら、それは相手の行動予定を自分の都合のよいように決めてしまうことに他ならない。そして、相手が最善をつくしているかどうかを判断するためには、相手の立場にたって、それぞれの戦略が相手にとってどれだけの利益を生み出すのかを考察すべきなのである。

**原則5**　相手の戦略を自分の都合のよいように予測せず、相手は自分の行動に対して最善をつくすと予想し、その予想のもとで自分も最善をつくすことを考える。お互いに予測される行動に対する最善の行動をとるような状態を戦略の均衡状態という。

## 4　先読み

しかしながら、A誌が経済記事を見出しにしてN誌のほうが政治を見出しにするのが均衡であるのとまったく同じ理由で、逆の組み合わせ、すなわちN誌が経済記事を見出しにしてA誌のほうが政治を見出しにするのも均衡である。すなわち、現実問題として、A誌のほうは相手が政治の見出しを使うと予想して経済の見出しを使い、N誌のほうも相手が政治の見出しを使うと予想して経済の見出しを使うことは十分にありうる。したがって、戦略的思考の極致ともいえる予想の均衡という考え方を用いて現実に起こる結果を予測しようとしても、かならずしも成功するとは限らないということがわかる。これは、現実に何が起こるかを予想したい第三者の分析者にとっては厄介な問題であるが、戦略的分析法はここにとどまるものではない。この予想と現実の乖離《かいり》は、当事者である両雑誌社にとっては利益を左右する由々しき問題のはずである。戦略的分析をもう一歩進めると、おそらく両誌ともお互いの予想が食い違って読者を取り損なうのを避ける行動をとるであろう、と予測できる。

考えられる戦略のひとつは、よりよい記事を書くということである。そうすれば、仮に見出しがかち合っても、読者はよりよい記事が書いてある雑誌を買うであろう。もし、N誌がA誌の経済記事の質とは太刀打ちできないと悟っているならば、自然に政治の記事を選ぶであろう。その結果をみて、質のよいA誌の記事が経済に関心のある読者を引きつけたと結論づけることができよう。

こんなとき、発売日をずらすのは有力な戦略である。もし、A誌がN誌よりも前に発売され、それに応じてN誌が対応するとなると、戦略的環境は一変する。A誌が見出しを決める際に、N誌の行動を予測しなければならないという点では状況に変化はないが、A誌が見出しを決定したあとのN誌にとっての戦略的環境は非常に単純なものになるからである。

N誌にとって、A誌がすでに「経済」の見出しをつけてしまったあとで、「経済」で対抗するのは馬鹿げている。A誌の「経済」の見出しに対しては、「政治」の見出しをつけて4万人の読者を確保するほうが競合する見出しをつけるより勝っているから、N誌は「政治」の見出しをつけるのがベストなのである。したがって、A誌の立場からすると、もしA誌が「経済」の見出しで発売したならば、N誌は「政治」の見出しで対抗すると予測するのが順当である。つまり、A誌はそれぞれの戦略をとった後に、相手がどのように反応するのかを、相手の利害を考慮に入れて**先読み**すべきなのだ。

このように、戦略は同時に選ばれるとは限らない。自分の態度を決める前に相手の戦略的行動を観察することができる場合もあれば、逆に自分の行動を決めた後で相手が戦略的行動を起こす場合もある。戦略が選ばれるタイミングがどうなっているか、相手が自分の戦略の選択を観察してから対応するのかどうかによって、自分がおかれている戦略的環境の様相は一変する。

相手の行動を観察してから自分の戦略の選択を決断できるような戦略的環境は、それぞれの

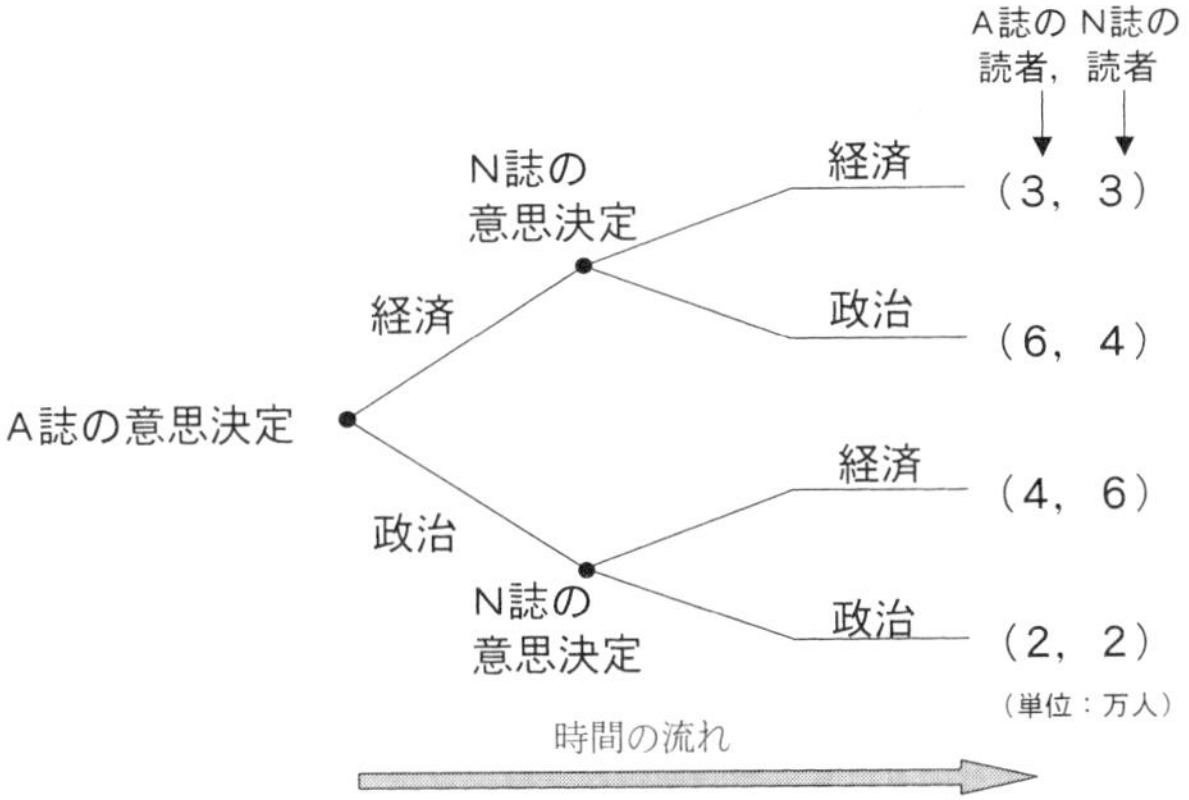


図1　A誌の見出しを見てからN誌が意思決定

戦略の選択を時間の流れに沿って記述し、その結果お互いにどれだけの利益が得られるのかを図1のように表現するとわかりやすい。A誌が「経済」の見出しをつけたならば、N誌の「経済」、「政治」それぞれの戦略に対してN誌の読者は3万人、4万人となるから、「政治」で対抗するのが最善である。一方、A誌が「政治」の見出しをつけたならば、N誌の戦略「経済」、「政治」に対してN誌の読者はそれぞれ6万人、2万人となるから、N誌は「経済」で対抗するのが最善である。A誌はこのような戦略の先読みの結果、「経済」に対して相手は「政治」で対抗するからその結果自社の読者は6万人、「政治」に対して相手は「経済」で対抗するから獲得できる読者は4万人になると結論できる。つまり、N誌の行動を先読みして織り込んでおけば、A誌は「経済」の見出しで6万人、「政治」の見出しで4万人の読者が得られることが予測できるので、A誌は「経済」の見出しを採用すべきなのだ。A誌は先に行動を決定し相手に指し示すことができることによって、より多い読者が好む記事を的確に採用することができるのである。

**原則6　相手より先に自分の行動を決定できるとき、自分のそれぞれの行動に対し、それを見た相手がどのように反応するか、相手の利害を考えることによって先読みして、現在の戦略の選択をすべきである。**

囲碁や将棋のようなゲームを考えてみれば、先読みの意義は歴然としている。自分の着手に対して相手がどのように反応してくるのか、その予想を立てつつ、現在の着手を決めるのは当然のことといえる。もちろん、素人の遊びの場合、何十手も先を読むのはたやすいことではないが、それにしても囲碁将棋ファンならば、先読みの重要性を疑う人はいないであろう。すなわち、自分の能力をこえるから先読みをしたくてもできないのであって、先読みをする必要を認識していない人はまずいない。

先読みをして将来どうなるかを予想して現在の行動を変えるということは、将来の環境が変わると予想された段階で、現在その効果が現れることを示唆する。そのような現実のビジネスや経済の例を探すのはたやすい。小泉内閣の構造改革の一環として、政府は住宅金融公庫の貸出残高を徐々に減らし、公庫自体を２００７年までに廃止する方向で調整を進めている。これに呼応するように、大手都銀は相次いで新しい住宅ローンの販売を開始した。たとえばＵＦＪ銀行は最長30年の固定金利のローンを開始したが、これは現在の住宅金融公庫の条件にかなり近い。公庫の残高は２００１年末で67兆円で、住宅ローン総残高の４割を占めている。公庫の廃止は、単純に計算すれば２００７年には60兆円以上のローンが民間へふり代わることを意味するが、興味深いのはそれを先読みして現在各銀行が行動を開始したという点である。

## 5　先読みの応用

先に発売してしまう戦略のように、あえて自分の行動を相手に先んじて決定してしまって相手に手の内をばらしてしまうような行為も、戦略的な環境によっては意味をもつ。自分が将来にとる行動を表明し、それを確実に実行するということを約束することを、相手に対して行動を**確約**（**コミット**）するという。先に発売することによって、Ａ誌はＮ誌に対して見出しの内容をコミットし、その結果Ａ誌はより多くの読者を獲得できたのである。

しかしながら、競合する雑誌のことであるから、ニュースを先取りして先んじて見出しを決

| | | N誌の見出し | |
|---|---|---|---|
| | | 経済 | 政治 |
| A誌の見出し | 経済 | 3，3 | 6，4 |
| | 政治 | 2，6 | 0，4 |

A誌とN誌の読者数（単位：万人）

表4　A誌の行動決定　その4

められるという幸運には、なかなかめぐり合わないかもしれない。先んじて見出しをつけられなければ、せっかくの戦略の先読みも効果はなくなってしまうのであろうか。ある行動にコミットするためには、かならずしも相手に先んじて行動を決める必要はなく、意外な戦略が役に立つことがある。奇異に感じられるかもしれないが、A誌が政治担当の有能な記者を解雇する可能性を考察してみよう。A誌がこれを実行してしまうと、もし両誌の見出しが政治で競合してしまったときには、読者はN誌を買うであろうし、仮に競合しなくても、A誌は4万人の潜在的読者の多くを失うであろう。

したがって、この戦略は自分の能力をみずから弱める支離滅裂な作戦のようにも見えるが、解雇後の戦略的環境を調べてみると興味深いことがわかる。A誌が解雇を行った後の戦略的環境をまとめたのが表4である（ここでは4万人の半分の2万人を失うとしてある）。これをみると、相手のどの戦略に対しても、経済の見出しで対抗するほうが有利になっていることがわかる。N誌がこれを知っていれば、そしてA誌が戦略的に思考していることがN誌にわかっているならば、原則3からA誌が政治の見出しをつけるという可能性を、N誌は排除するであろう。もとより競合は避けたほうがよいので、

### 「ゲーム理論」はゲーム攻略の理論か？　その２

具体的に調べたわけではないので確言はできないが，ゲーム理論の研究者のなかでゲームを好んでやる人はそれほど多くないようだ．ゲーム理論の学会で，夜になると学者たちがトランプやボードゲームに興じたり，せっかく会ったのだからちょっと囲みましょうかと麻雀屋にしけこむような情景を思い浮かべる人がいるかもしれないが，少なくとも私の参加した学会でそのようなことが起こったことはない．昼間の議論ではやり込められたが，本物のゲームでは自分の戦略的思考のほうがすぐれていると意気込んで再戦を求めるのは，しごく自然な成り行きのようには思われるのであるが．

第一，私と同年代に属する日本人のゲーム理論の研究者のなかで，麻雀のルールを把握している人さえほとんどいないのだから話にならない．このような人々が研究しているようでは，ゲーム理論の学問的な深さはたかが知れていると考えるべきかというと，おそらくそうではない．これもゲーム理論はゲーム攻略の理論ではないということの傍証のひとつと考えるべきなのである．

N誌は政治の見出しをつけるであろう。したがって、N誌がA誌の記者が解雇されたことを知っているということをA誌が知っていれば、A誌は安心して経済の見出しをつけることができる。

このように、一見すると自分の競争力をみずから弱めるこの解雇戦略で、かえってA誌は6万人の読者を確保できる。これはA誌が自分のおかれている環境の戦略的構造を把握していたゆえに可能になった推論である。相手に対して行動を確約（コミット）してしまう戦略に効果があっても、発売日を早める戦略のように、時間的に先んじてその行動を選択したことを相手に指し示すことができなければ、そのような戦略は実現できない。自分の主張を行動を起こす以前に相手に納得してもらうことが容易ではないのと同じ理由で、行動の確約はかならずしも簡単に行えるものではないのである。

一方、右の解雇戦略は、A誌の行動の確約を信頼できるものとする働きがある。行動を戦略的に確約するためには、背後にその確約を信頼できるものとする工夫が必要になってくる。企業の事業撤退、人員整理なども、このような戦略的視点で考え直すと興味深いのである。

**原則7** 自分がある特定の行動をとることを相手に確約（コミット）することができれば、より有利な結果を自分に導くことができる。行動の確約のためには、見かけは不利な戦略をとることが確約を信頼できるものとするために有効なこともある。

A誌が解雇戦略を採用した場合にもA誌がよい経済記事を書いた場合でも、データとして観測されるのは経済に関心のある読者がA誌を買うということになる。しかし前者の場合には、A誌の経済記事の質のよさが、経済に関心のある読者を引きつけたという説明は、明らかに不適切である。このように、戦略的分析は、観察されたデータを表面的にみて判断すると、問題の本質的な構造を見誤る可能性があることを教えてくれることがわかる。経済現象を深く理解するためには、経済主体の間の戦略的関係を考察しなければならない。観測されたデータには、しばしば戦略的意味が潜んでいるのであって、表面上の数字の大小の比較だけでは、経済の動きを完全には理解できない。これがすなわち、現代経済学が戦略的分析を積極的に取り入れてきた理由なのである。

右の議論では、N誌がA誌の記者が解雇されたと信じてくれさえすれば、A誌は無理をして解雇する必要はないことにも注意を喚起しておく。つまり、A誌が記者を解雇した事実よりも、むしろN誌がそれを信じていること、さらにはそれをA誌が知っていることが重要である。逆に、せっかく記者を解雇しても、N誌のほうがその事実に気づかなかったり、解雇された記者が有能であるかどうかがわからなかったり、あるいはその解雇がA誌の政治記事に対する読者の減少を意味することがはっきりしなかったりすると、行動の確約をめざしたせっかくの解雇戦略も不発に終わる可能性があるが、これは確約の信頼性が弱いためである。

このように、戦略的分析においては、何が起こったか、あるいは起こるかという事実関係だけではなくて、ある行動がとられたかどうかの情報、あるいはそれが相手に観察されるかどうかの情報、またどのように理解されるか、信頼されるかという情報の構造が重要な意味をもつことがわかる。

**原則8**　戦略的関係にある主体が、お互いが何をどれだけ知っているのか、また知っていることをどれだけ知っているか、など、お互いの情報の構造を把握することが重要である。

情報の問題を考察することで、戦略的分析はよりいっそう深いものになる。さまざまな経済現象が、このような情報の問題として理解できるのだ。

## 6　抽象化と戦略的分析

現実の世界の戦略的環境ははるかに複雑であり、一方でこれまで見てきた雑誌の例は極度に単純である。チェスや囲碁のようなルールのはっきりしたゲームならばまだしも、現実の出版社のビジネス環境が、このような単純な分析によって完全に記述できるわけはないし、もとよりそんなことを主張する意図もない。

ゲーム理論は、あなたの仕事や日常生活での悩みや問題を「完全に」解決するツールではない。それは、右に用いたような例が単純すぎるために複雑な環境に対応しきれないからではない。そもそも、現実の環境を、どのような方法にせよ、完全に記述することは不可能である。たとえば、雑誌社のとりうる戦略の記述を詳細に区分しなおして、２つではなく１００に分類したとしても、現実の複雑さにははるかに及ばず、単なる徒労に終わるであろう。ゲーム理論のどの専門書をひもといても、現状に完全に対応した完璧な意思決定のモデルなど作れるようにはならないのだ。

社会科学におけるゲーム理論は、現実の完全な記述を目的としたものではなく、逆に複雑な現実の環境を抽象化および単純化することにより、それらの背後にある戦略的関係を明らかにし、その結果として本来複雑な意思決定の過程や行動基準の本質的部分を解明することを目的としているのである。言い換えると、社会経済現象を、抽象化された分析対象があるルールにしたがってゲームをした結果であるように理解できるというのが、社会科学におけるゲーム理論の立場である。ゲーム理論は、囲碁将棋などの具体的なゲームの必勝法の解明にも役立つが、社会科学でのゲーム理論の目的はそこにあるのではない。重要なのは戦略的思考の原則に則して考えたときに、現実問題がどのように理解できるか、ということなのである。

# 第3章　リスクと不確実性

## 1　リスク管理の原則

リスクという言葉が日常会話で使われるようになったのは、いつ頃からのことなのだろうか。「リスク」という言葉の語源は英語の risk であろうが、手許にある旺文社の英和中辞典では「危険、損害の恐れ、冒険、賭け」などという訳語があり、講談社の国語辞典で引くとリスクは危険、損失負担となっている。

現在の行動は、現在のみならず将来にわたって影響を及ぼす。将来のことを完全に知ることはできないから、これは現在の行動の帰結はいつでもある程度は不確実であることを意味する。つまり、現在の行動には何らかのリスクを伴うのであって、われわれは常にリスクにどのように対処するかという行動の決断を迫られているといえる。

われわれの世の中で、絶対安全といったものは存在しない。安全という言葉は、比較的リスクが少ないという意味であって、リスクがゼロになることはない。めったにないとはいえ、飛行機事故や自動車事故は起こるもので、運悪くわれわれがそれに巻き込まれてしまうリスクはゼロではない。一方で、安全を求めるあまりリスクをまったく負担できなくなるのも考えものである。リスクの軽減には費用のかかることが多いからである。

ある風光明媚《ふうこうめいび》な観光地で、親の目を離れて遊んでいた子供が不幸にも池に落ちて命を落としたとしよう。このとき、池の周りをフェンスで囲ってしまえば、確かに事故の起こるリスクは軽減されるであろう。しかし、フェンスを建設すること自体にコストがかかるし、フェンスで囲われた池は観光価値を著しく減じるであろう。フェンスを作るべきかどうかの決断は、事故が起こるリスクとこれらのコストの大小を比較してなされなければならない。一時の感情に流されて、危険だからフェンスを作れという発想ではいけない。

人命は尊いが、人命を守るにもコストの感覚は必要である。不幸な自動車事故は跡を絶たない。交通事故死をなくす絶対確実な方法は、車を廃止してしまうことであるが、おそらくそうすべきではない。それは、われわれの生活から車を取り去ってしまったときの不便さから生じるコストが、車によって時折人命が失われるというコストよりも大きいからである。

大切なのは、リスクの内容を理解し、それと上手に付き合うことである。冒す必要のないリスクをとらないというのがその第一歩だ。

## 2　戦略的不確実性

戦略的環境では、2種類のリスクを区別して考える必要がある。第一は、**環境リスク**とも言うべき、気温天候や10年後の洋服の流行、新製品に対する将来の需要など、当事者の間ではいかんともしがたいリスクである。第二は、相手がどの戦略を選択するかがわからないことから生じるリスクで、これを**戦略的不確実性**あるいは**戦略的なリスク**と呼ぶことにしよう。環境リスクは消滅することはないが、戦略的リスクはそうではない。第2章で議論した均衡の考え方は、相手の戦略を合理的に予測することにより、戦略的なリスクを軽減する試みと考えることもできる。相手も戦略的思考をして最善をつくすという前提を加えることによって、相手の戦略を予測することから生じる戦略的リスクが少なくなるのである。

図2で表された環境を考えてみよう。A社の戦略は新製品を投入して大々的に宣伝をして「攻撃的」にビジネスをするか、それとも「守備的」に地道な営業を続けるかの2つである。A社の利益の水準には、その戦略によって市況が好転するか否かがかかわっている。ここでは、市況の好転にはA社には直接は制御できない環境リスクが含まれていて、それぞれの可能性が図に書き込まれている。攻撃的な戦略をとったときには、確率0・5で好転するが、守備的な

戦略をとった場合にはその確率は0・25であると想定されている。

攻撃的な戦略を守備的な戦略に対して比較すると、市況が好転する確率が高く、またそのときの利益も大きい。一方で、守備的な戦略をとったほうが市況が好転しなかったときの利益が大きいのでそれぞれの戦略は一長一短である。この場合、自然な意思決定の基準はそれぞれの戦略がもたらす平均的利益を基準にすることである。

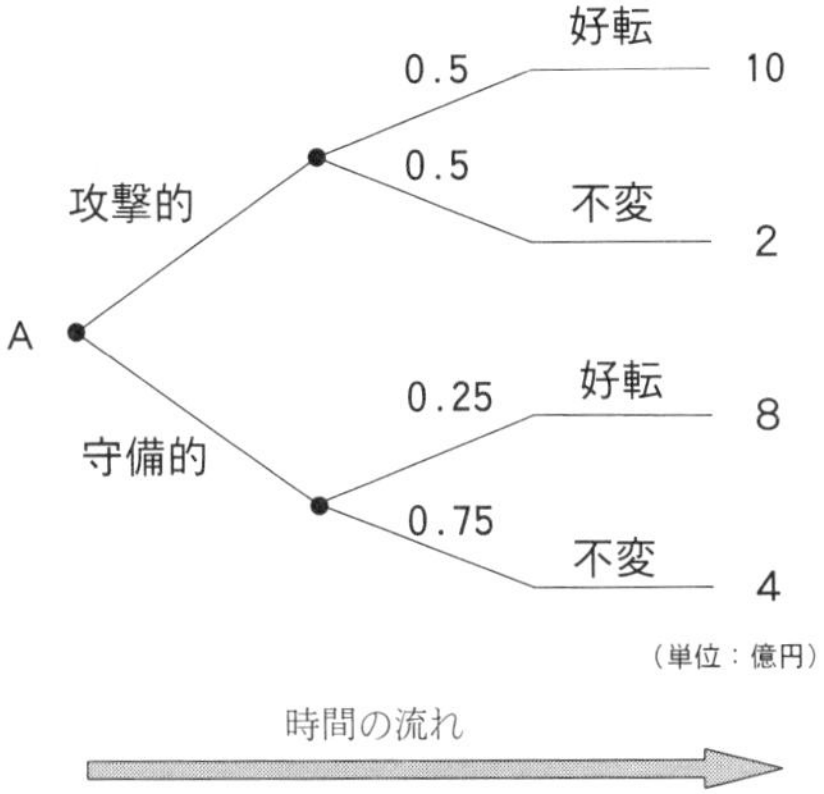


図2　リスクのあるときの戦略決定　その1

攻撃的な戦略をとった場合の平均的利益は10億円と2億円が等確率で起こるから6億円で、一方守備的な戦略の平均的利益は、8億円の25%と4億円の75%の合計だから5億円である。その結果、「攻撃的」な戦略をとるほうが望ましいと結論できる。つまり、攻撃的にすれば守備的な戦略に比べ、市況が好転しない場合のダメージは大きいが、市況が好転する場合の利益が大きいため、ダメージを受ける可能性が50%あっても、そのリスクを負担するだけの価値があるのだ。

しかしながら、市況が好転するかどうかが、ライ

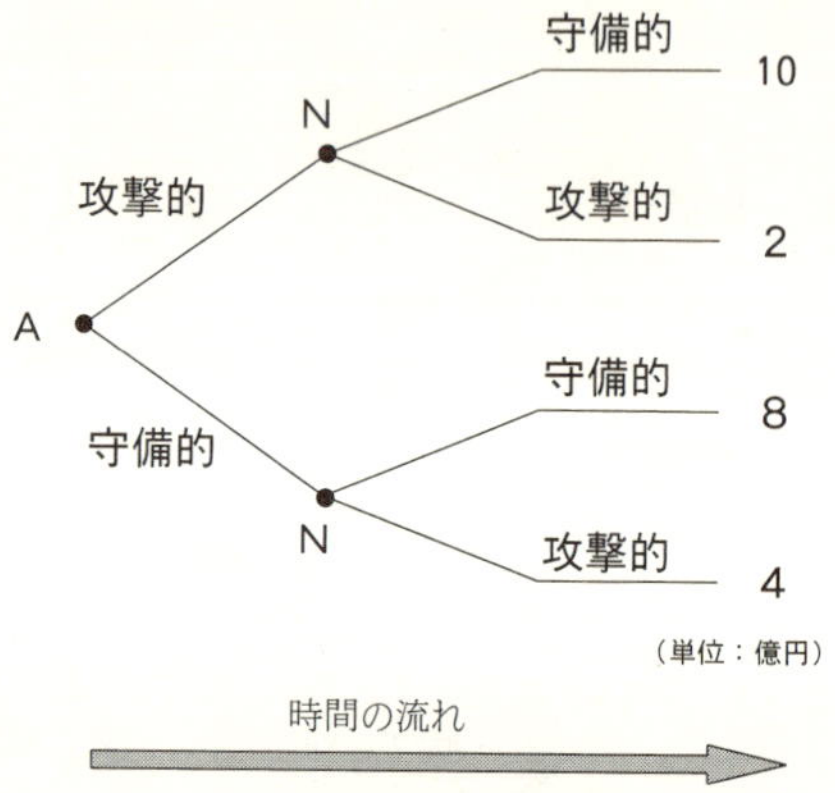


図3　リスクのあるときの戦略決定　その2

バル企業が対抗してとる戦略に依存する場合はこの考え方は物足りない。たとえば図3のように、A社にとっての利益が好転するかどうかが相手企業N社が対抗して攻撃的な戦略をとるか、それとも守備的な戦略をとるかに依存する場合はどうであろう。相手が戦略的に意思決定をするということを除いては、図3におけるA社の利益の構造は図2の利益の構造とまったく同じになっていることに注意してほしい。この場合、A社のおのおのの戦略の効果はN社が対抗してとる戦略に依存して決まる。N社が攻撃的に対抗してくるのならば、お互いに大量の広告費と開発費を費やして需要を食い合うよりは、はじめから守備的な戦略を選んでおいたほうがよいし、守備的に対応してくれるならば攻撃的な戦略を選択したい。しかし、A社が意思決定をする時点でN社の戦略はわからないから、A社は戦略的リスクに直面していることになる。

相手の対抗措置がわからないこのような戦略的環境では、われわれは自分の戦略決定を迷わ相手の戦略的意思決定を無視して、図3で表された戦略的環境で、図2のような確率を想定するのは、戦略的思考が足りないために無用なリスクへの対応をせざるを得なくなっているといえるし、そもそもこの想定された確率が正しいかどうかも定かでない。

それではどのように考えるべきか。第2章の戦略的思考のための原則を熟読した読者は、これは先読みが効果を発揮する戦略的環境であることにすでに気づいているであろう。このようなとき、自分の都合ばかり考えず、それぞれの戦略が相手にとってどれだけの効果をもたらすかという点から考えるのが戦略的思考の原則なのであった。相手にとっての利益がわからない図3では、A社は自分のおかれた戦略的環境を完全に把握できないのである。

たとえば、相手の利益が図4のように与えられていたらどうであろう。この場合は先読みによって、もし攻撃的な戦略をとればN社は攻撃的な戦略で対抗してくることを予測できる。一方で、守備的な戦略をとった場合、N社の反応は予測できない。なぜなら、N社にとって、攻撃的な戦略も守備的な戦略も同じ利益をもたらすからである。もちろん、A社にとってはN社がどちらで反応するかは大問題であるが、戦略の選択が相手によって行われる以上、どちらかの戦略にしぼって対策を練るのは危険である。この場合は幸いにも、N社がどちらの戦略で対応しようとも、A社にとっては守備的な戦略が望ましい。攻撃的な戦略をとれば相手も確実に

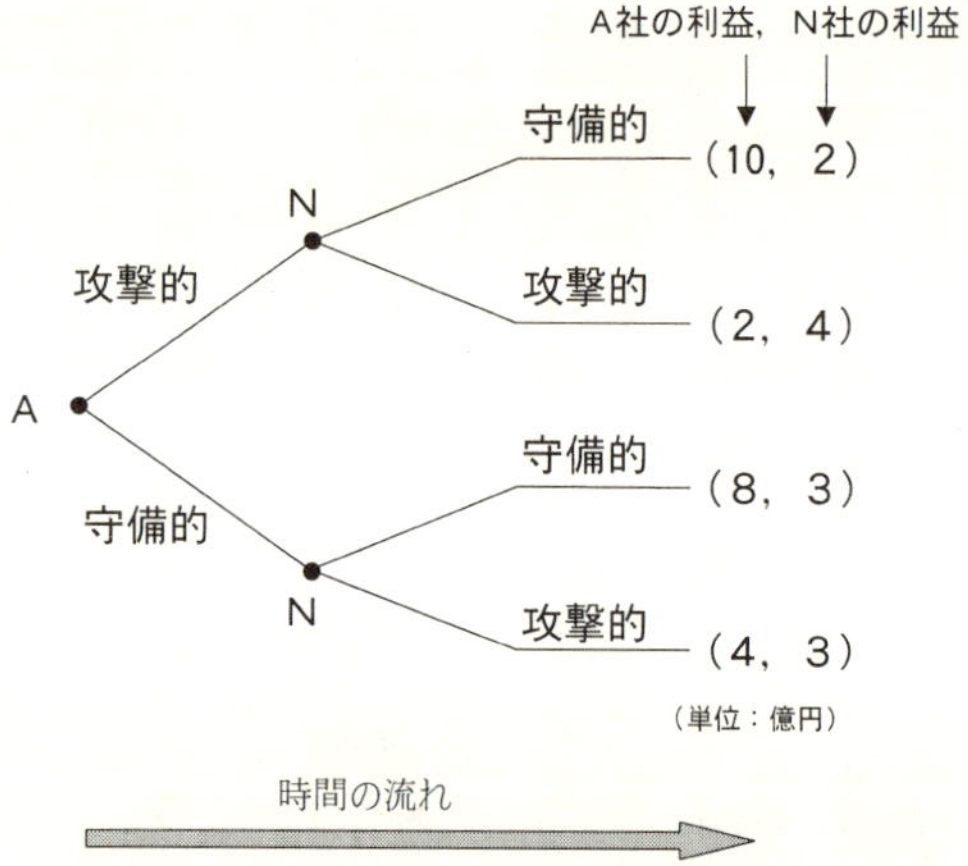


図4　リスクのあるときの戦略決定　その3

攻撃的になって利益は2億円になってしまうが、守備的な戦略をとれば、相手の戦略からくるリスクを被るものの、どちらが選択されるにせよ利益は2億円より大きくなるからだ。

相手の戦略選択に依存して自己の利益が決まる戦略的環境では、相手も自己の利益を最大にしようとしているはずということを認識してこそ、無用なリスクを減らすことができるのである。

残念ながら、相手の利益を考えることによって、戦略的リスクから完全に解放されるわけではない。もし、図4の状況を少し変えて、お互いに攻撃的戦略をとり合った結果のA社の利益が6億円である状況を考えると、A社はN社の行動が予測不可能なことから生じるリスクに直面せざるを得ない。しかし、その場合にしても、図3のように相手の利益を無視した状況からは、戦略的思考によりかなり問題が単純化されているのである。

**原則9　相手の利益を考え先読みすることにより、戦略的リスクを軽減できる。**

## 3　戦略的に作り出すリスク

戦略的環境においては、あえてリスクを作り出すような行動も意味をもつことがある。なぜなら、それによって相手が自分の行動を予測するのを困難にできるからである。

勝負の世界では、戦略的にリスクを作り出すべき例が数多い。なぜなら、勝つか負けるかしかない勝負のときに、自分のとる行動が完全に相手に予測されていては勝ち目がない場合が多いからである。そのため勝負の世界では、相手の予測を惑わす、予測を意味のないものにするような戦略を選ぶことがしばしば効果的になる。ジャンケンで、グーばかり出すことを心がける人はまずいないであろう。相手に読まれないようになるべく無作為に「グー」、「チョキ」、「パー」を選ぶのが戦略的にも理にかなっている。しかし、自分の行動を予測しにくくすれば、それがいつでも最善な戦略というわけではない。戦略的に生み出すリスクの基準を、ひとつの例を使って以下で考えてみよう。

設定は簡単で、ジャンケンのルールを少しだけ変えて、「グー」で勝った場合には賭け金を

10倍にするというものである。10円を賭けて2人でジャンケンをするとして、「チョキ」あるいは「パー」で勝った場合には相手から10円もらえるが、「グー」で勝てば100円もらえるという具合である。相手の立場からも同様である。この変則ジャンケンは戦略的思考のセンスを試すのにすぐれているので、今あなたのとなりに知り合いなどいれば、すぐさま20回ほど試していただきたい。

このルールでは、「グー」で勝つと利益は大きいが、だからといって「グー」ばかり出すのはあまりにも戦略的思考に欠ける。相手はすぐにこちらの動きを察知し、「パー」を続けざまに出すであろうから、ジャンケンを繰りかえすごとに10円取られる結果となる。相手が「グー」ばかり出すようならば、その人の戦略的思考能力のレベルはかなり低い。あなたが真に戦略的ならば、もちろんそれを相手に教えるべきではなく、今後にわたって末永く利益をせしめるべきである。もし、相手の弱みに付け込むのが意に添わないのであれば、この本くらいは買わせてあげるのが適度な親切というものだ。

発想を転換して、「グー」に負けてしまう「チョキ」を出さないという戦略はどうだろうか。これも失格。「チョキ」を出さないということが相手にわかってしまえば、相手にとって「グー」を出すのは絶対に不利な戦略であることもわかるから、「グー」を出すわけがない。この場合、相手は悠々と「パー」を出すであろう。あなたに勝ち目はない。特定の戦略をとりつづけること、あるいは特定の戦略をとらないということが相手に予測されてしまっては、勝負には勝てないのである。

それでは予測をむずかしくするために、無作為に同じ確率で「グー」、「チョキ」、「パー」を選ぶのはどうか。残念ながら、これも戦略的思考のテストには落第である。なぜなら、もし無作為に同じ確率で選びつづけるとすると、相手は「グー」を出しつづけることによって確実に勝てる。「グー」を出しておけば、平均して3回に1回は100円勝てるし、一方で負けるのも3回に1回だが金額は10円にすぎない。つまり、単にこちらの次の戦略を相手に予想されにくくするだけではだめなのだ。

もう一度戦略的思考の原則に戻ろう。自分の行動を賢く決めるためには、相手の利害を考えるべきである。冷静に考えると、右のいずれの例も、相手に絶対有利な戦略を作らせてしまうことが問題なのであることに気づくであろう。勝負の世界で、相手に絶対有利な戦略があれば、負けるのは自分以外にはいない。したがって、ここでは相手に絶対有利な戦略を作らせないというのが正しい戦略的発想なのだ。そこで、まず相手の利益と戦略の組み合わせの関係を表5に整理しておく。

相手の「パー」を有利な戦略あるいは不利な戦略にしないためには、「パー」に負ける「グー」と「パー」に勝つ「チョキ」は同じ確率で出すべきだ。相手の「グー」を有利な戦略ある

|  |  | 自分の戦略 |  |  |
|---|---|---|---|---|
|  |  | グー | チョキ | パー |
| 相手の戦略 | グー | 0 | 10 | −1 |
|  | チョキ | −10 | 0 | 1 |
|  | パー | 1 | −1 | 0 |

**表5　変則ジャンケン　相手の利益**

いは不利な戦略にしないためには、「グー」に負ける「チョキ」と「グー」に勝つ「パー」は、賭け金の比率に対応させて1対10の割合で出すべきである。すなわち、「グー」に勝てる「パー」をより多く出すことによって、相手が「グー」で大利を収めるのをけん制するのである。これの2つの比から、「グー」と「チョキ」と「パー」は1対1対10の割合で出すべきであることがわかる。このような割合でそれぞれの戦略を使っていれば、相手の残りの戦略「チョキ」の勝ち負けは10対1であるから、ちょうど賭け金の逆の比になっているため、「チョキ」も有利でも不利でもない。

つまり、自分の行動を予測不能にするポイントになるのは、相手に的をしぼらせないということであって、それはすなわち相手に絶対に有利、あるいは絶対に不利な戦略を作らせないということに他ならない。変則ジャンケンの場合、まずは「グー」と「チョキ」と「パー」は1対1対10の確率の比で出すべきであるから、毎回「グー」と「チョキ」を出す確率はそれぞれ1／12で、「パー」は10／12の確率で出すべきなのだ。そうすれば、相手がどのような行動をとろうとも、あなたは平均的には勝ちもしないが、負けもしない。このように負けない戦略を自分でとっておいて相手の出方を見る。そのうちに相手の癖が見えてくるはずである。もし相手が戦略的に思考していなければ、相手の戦略の選び方は、1対1対10の確率の比とは異なるであろうから、自分の戦略の中で、絶対に有利になるものができてくるはずである。それに対応してこちらの戦略を少し変えてやるのがこのジャンケンに勝つ方法である。

私の経験では、たいていの人は10倍に引かれて「グー」を出す傾向があるので、もうすこし「パー」を出す確率を増やしておけばしだいに勝つことができる。もし相手も戦略的思考をつくしてくれれば、相手も同様に考えるであろうから、相手も「グー」と「チョキ」と「パー」を1対1対10の確率の比で出すであろう。このときは、お互いに勝てないが負けもしない。実は、それがこのゲームの均衡なのである。せっかく戦略的に考えつくしても勝負に勝てないとすると何かつまらないことのようだが、そもそもこのようにお金を取り合うだけの非生産的なゲームで、片方が有利になる状態が均衡状態であるはずがない。

**原則10**　勝ち負けが問題になる戦略的環境では、相手の戦略の中に絶対に有利な戦略や不利な戦略を生み出さないように、みずから戦略的リスクを作り出すべきである。

戦略を売り物にすべき勝負の世界でありながら、プロ野球の解説では戦略的思考が働かないコメントが珍重されているのがとても奇妙である。そのようなコメントの例をいくつかあげてみると、「この1球という勝負の場面では、ピッチャーは自分の一番自信のある球種で勝負したほうがよい」、「初球は、自分の一番好きなコースにヤマをはって打つべし」、「2つ直球を続けた後には変化球を混ぜるべき」、などというものがある。いずれも、もしそれが真理だとすると、相手に対策を練られて不利になるものばかりであるから、本当に有効なわけがない。一番自信のある球種を投げるとわかってしまえば、打者はより対策を練りやすくなるわけだから、勝負の場面だからこそ、何を投げるかわからないようにすべきである。そもそも解説者の予想がぴたりぴたりと当たるようでは、その試合は戦略的にはレベルが低いと言わざるを得ない。

バッターとピッチャーの駆け引きを戦略的に考えるならば、次のようになろう。まずはピッチャーのそれぞれの球種に対して、バッターがどのように待ち構えるかによって、ヒットの確率がどうなるかを調べるのが第一歩。表6はその一例である。この場合、直球を予想しているバッターに直球を投げるとヒットの確率は50%であるが、裏をかいて変化球を投げれば10%に押さえられる。同様に考えると、変化球を予想しているバッターには直球のほうが有効であることがわかる。表6のデータを見ると、変化球を投げておけば、ヒットの確率は最大30%だから、このピッチャーは変化球のほうが得意であるか、あるいはこのバッターが変化球が不得意であると読み取ることができる。しかし、だからといってピッチャーは常に変化球で勝負すべきではない。右の原則からすれば、バッターに的をしぼらせないよう、直球と変化球を交えて投げるべきだ。最適な割合は、バッターが直球と予測しても変化球と予測してもヒットになる確率が等しくなるような割合である。表6の場合、これは直球1に対して変化球2の確率の比で、そのときどちらの球種を予測してもヒットの確率は3分の70％だからおよそ23％であるが、もし自分の得意な変化球ばかり投げてバッターに読まれてしまえばヒットの確率は30％になる。

現場では、このような戦略的計算がなされつつ、配球の比率が決められているに違いないと思うのだが、実際はどうなのだろうか。これだけ物事がわかっていれば私もすぐにプロ野球で通用しそうだが、いかんせん私の場合は直球を投げても変化球を投げてもヒットを打たれてしまうので、せっかくの戦略的思考も効果を発揮しないのである。

| | | ピッチャーの投げる球種 | |
|---|---|---|---|
| | | 直　球 | 変化球 |
| バッターの予測 | 直　球 | 50％ | 10％ |
| | 変化球 | 10％ | 30％ |

表6　野球のヒットの確率

## 4　予測不可能性をめぐる駆け引き

戦略的にリスクを作り出す上で注意しなければならないのは、最適な確率比を毎回独立に維持しなければならないという点である。ジャンケンの例に戻れば、最適な戦略では右で計算した1対1対10の確率比を毎回維持することが大事であって、12回ごとに1対1対10の比で「グー」と「チョキ」と「パー」をだすのが目標ではない。いくら確率が小さいとはいえ、結果的には「グー」が連続するかもしれないが、それは、さいころを振ったときに、同じ目が連続して出ることがあるのと同じ理屈である。過去11回の対戦で一度も「グー」を出していないとき、1対1対10の比にこだわって「グー」を出すのでは、相手に読まれやすくなるだけである。

ところが、過去から決別して毎回独立に確率を維持するのは、やってみると結構むずかしい。最適な戦略を正確に実行しようと思えば、12分の1の確率を客観的に測れる物を用意することである。たとえば、さいころ1つと百円硬貨を1つ用意しておく。毎回のジャンケンの前に、さいころと百円玉を投げ、百円玉が表でさいころの出目が1ならば「グー」、百円玉が裏でさいころの出目が1ならば「チョキ」、それ以外ならば「パー」を出すと決めておくと、ちょうど1対1対10の確率の比が客観的に維持できる。

このように、勝ち負けの決まる戦略的環境では、どれだけ相手に的をしぼらせないか、そしてしぼらせないような最適な確率比に忠実に戦略をランダムに選べるかどうかがポイントになる。プロ野球のキャッチャーも、バッターに配球を読まれないよう、最適な確率比にしたがって球種を決めてピッチャーに要求すべきであるから、ここでも客観的に確率を測る工夫がされるべきである。試合中の投球ごとにさいころとコインを投げるわけにもいかないから、現場では乱数表などを活用したり、ベンチではコンピュータでデータの解析を続けているのであろうか。テレビで見る限りでは定かではない。

最適な比率を維持するということは、自分の得意な戦略以外の戦略を適度に混ぜつづけることも意味する。ある戦略が使われないということが相手にわかってしまっては、環境は自分に不利になるということを認識すべきである。サッカーでは、自分の得意なほうの足で蹴ってばかりいるのでは、相手にコースを読まれてしまう。いくら不得意でも、反対の足で時々蹴るのが戦略的に効果があるのである。サッカー日本代表が、何度失敗を重ねても、ディフェンスのラインを上げていく姿勢を見せつづけたのは戦略的には正しい。ラインの上げ下げが苦手だからといって、それを使わなくなってしまうのでは戦略的に不利なのである。

戦略をある確率的比率を維持しつつ選ぶのが最適であるということは、相手の戦略を分析する場合に、相手がどの戦略をとるのかということばかり考えず、相手がどの戦略をとる可能性が低いかという視点から考えることが効果をもつことも意味する。

この点に関する例に、カジノのルーレットがある。ルーレットには1から36の数字のほかに0あるいは00という数字があり、配当はあたかも全体に36個の数字しかないかのように計算されている（たとえば、1の数字が出るのに賭ければ配当は36倍）。このようなゲームをする場合、もちろん出る数字が正確に予知できればそれに越したことはない。実際のところ、テレビでやっているカジノ攻略教室なんぞをみると次のような解説をしていた。「過去の8回に出た数字とその色を見ると、黒、4、赤、黒、黒、4、赤、黒、と出ています。4の後のパターンに注目してください。このことから、次に4が出た後には赤に賭ける、そのような戦略を立てていくのがルーレットで勝つ秘訣です」などというのだが、これはまったくナンセンスである。

読者にはこのような馬鹿げた「必勝法」に感心して金を払わず、この本を熟読していただきたいので、少しルーレットの考え方などをお教えしよう。まず大原則。もしもルーレットの数がまったく偶然に出るとすると、賭けるほうに勝ち目はない。たとえば1に賭けるとすると、平均的には38回に1回当たるわけだが、そのときの配当は36倍だから、これは長くやればそれだけ損がかさむ。カジノ側が実行したい最適な戦略とは、それぞれの数字が完全に同じ確率で出現するよう、無作為にえらぶことなのだ。

言い換えると、ルーレットで勝てるのは、台に癖がある、すなわちすべての数字の出る確率が等しくない場合に限る。それならば、やはりその癖を見抜いて出る数のパターンを予測するしかないのではないかと思われるであろう。発想の転換はこれからである。要するに、38個の数があるのに、36個の数があるかのように倍率が設定されているから、賭けるほうが負けていくわけである。もし何らかの理由で、38個の数のうち、ある特定の3つの数字は出ることがないということがわかったらどうであろう。すると、実質的には35個の数字に対して36倍の倍率になるわけだから、長い間やっていれば賭けるほうが勝っていくはずである。ルーレットの数字を1点で予測することに苦心するより、台の癖（正確には玉を投げ入れるシューターの癖）をみて出にくい数字のパターンを推計するほうがはるかにやさしい。

はるかにやさしいといっても、台の癖を見抜くまでには相当量の統計をとって、分析をしなければならないから、テーブルの脇でビールを飲みながら賭けているのではおぼつかない。これの実践のためにはチームを組み、統計をとる役、それを受けてコンピュータで分析をする役、分析係からの指示で賭ける役、これらが連携をとってやる必要があるのだが、これをやっているとカジノからつまみ出されることになる。本当に真剣な人は小型カメラと無線を駆使してやるらしいのだが、ばれた場合にどのような目にあっても私は一切関知しない。

私はルーレットより、クラップスというさいころを使ったカジノゲームのほうが好きだ。カジノゲームは客とカジノの1対1の勝負が基本であるから、となりに座っている客がどうなろうと自分の儲けには一切関係ない。ところがこのクラップスは例外で、このゲームではさいころを振る人の出す目にすべての人の運命がゆだねられていて、そのために妙な連帯感ができてくるところにコクがある。さてこのクラップスも、もしさいころの目がまったく偶然に出ると

とのどちらが印象がよいか．きれいな文字列は，それを見た人によい印象を残すだろう．その効果は非常に微細なことかもしれない．しかし，印鑑というのは人の目に頻繁に触れる物だから，ひとつひとつは些細な影響でも何度も積み重なるうちに，その字画が妙に気に入る人がいて，それがきっかけになって商売がうまくいくかもしれない．1回1回が小さな小さな可能性でも，それが積み重なっていけば，うまくいくことがそのうちに1回くらいはある．運が開けるというのはそのようなものだ．

開運印鑑など迷信のカタマリだとハナから馬鹿にしていた私は，この科学的説明にいたく感心し，すっかりサトリを開いてしまった．それではと，私は寅さんに自分の姓名判断までしてもらった．すると私の運勢は，つきのないことが続いているようでも，あるきっかけで突然大きく開くと言うではないか．奨学金の受験をした帰りで，実は落選を続けていてこれが最後のチャンスなのだが，これがそのきっかけだろうかと私が言うと，寅さんはそうかもしれないと答える．これに気をよくした私は，その後上機嫌で金沢を経由して東京に戻ったのだが，M社からは早々と落選の知らせが届いていた．

ハーバード大学からの合格通知の電報が届いたのは，それから数週間後であった．さらに奇跡的にハーバード大学から奨学金をもらえることになり，その年の8月に私はアメリカに渡った．結局，寅さんの開運論を今でも私は信じている．

### ちりもつもれば

1987年の1月のこと．当時大学院の1年生であった私はアメリカ留学をめざしていた．いくつかの大学に願書を送付すると同時に，留学のための資金を調達すべく数々の奨学金を受験していたが，フルブライト奨学金をはじめとしてことごとく落選していた．もう少し正確に言うと，奨学金への挑戦は2年越しであって，あろうことかその2年間ずっと落選しつづけたのであった．その時点での最後の望みはM社の出す奨学金で，前年は書類選考と筆記試験を突破して最終面接まで残ったものの最後に嫌われていた．その年も最終面接まで残っていた．

京都にあるM社の本社で行われた面接のあと，足を伸ばして北陸を経由して東京に戻ることにした．最初の宿は福井ユースホステルで，建物は大きくても宿泊客は私を入れて2人しかいなかった．夜遅くまで，ユースホステルを切り盛りする主人と，40歳半ばくらいであろうもう1人の宿泊客の男性と3人でコタツに入り世間話をした．主人はNTT株の売り出しに応募して当選したとのことで，それではいくらで売り抜けるのがよいかなどと話をした．ユースホステルに来る客が少ない．今日は2人いるけれどもこれでもよいほうだ．こんな仕事をしていてもとても将来見込みはない．NTT株をきっかけに何か運が開けないかなどと話す主人に向かって，おもむろに話を切り出した男性の職業は開運印鑑のセールスであった．

開運印鑑など人の弱みに付け込む邪悪な商売だとくってかかる私に，その寅さんのような男性は次のように応じた．印鑑を馬鹿にしてはいけない．印鑑の文字を見たときに，印象に残るきれいな文字の並びとどこかいびつで汚い文字の並びすると、賭けるほうに勝ち目はないルールになっている。しかし、さいころは賭けるほうが振ることになっているので、さいの目をコントロールできる人がやれば無敵である。ただし、読者が妙な細工をしたのがばれてしまってひどい目にあっても私は一切関知しない。

ブラックジャックはトランプのカードを使うゲームであるが、これもカードの出方がまったく偶然で癖がないと勝ち目がない。ところが、カードは4セットから6セット（場所によっては1セット、8セットというところもある）を同時に使うが、ある程度カードを使うまではシャッフルしなおさない。したがって、出てきたカードを覚えておけば、残りのカードの種類が逆算できるわけで、それによって次に出るカードの癖を計算することができるから、ルーレットの場合と同様、長くやっているうちに理論的に勝つことができる。映画「レイン・マン」（1988年）の中で、ダスティン・ホフマンとトム・クルーズがブラックジャックで大勝ちするのもこの応用である。しかし、実際にやってみるとわかるが、理論的に勝てるまでに完璧にカードを覚えこむのには相当な集中力を要する。そしてこの作戦を中途半端にやるとかえって大敗を喫することになるのだが、これに関して私はこれ以上詳しくは語りたくない。カジノではギャンブルの雰囲気を楽しむのが基本である。金儲けに出かけていってはひどい目にあう。

# II　考えるヒント——戦略的経済分析のキーワード

# 第4章　インセンティブ

## 1　人の行動を自分好みに変える

インセンティブ（incentive）とは、「動機づけ」とか「誘因」と訳されることが多い。「奨励策」と訳されることもある。インセンティブとは、ある主体から特定の行動を引き出すためのエサ（あるいは罰則）や、そのエサが与えられる仕組みを指す。個人がある行動をとるためには何らかの理由があるわけだが、その理由にあたるものと考えてよい。

社会経済現象を理解するためには、各個人が直面するインセンティブの構造を考えなければ、その本質的な理解は得られないといっても過言ではない。このように書くとたいそう大げさに聞こえるのだが、実はインセンティブの構造を考えるということは、われわれが日常的に経験かつ実行しているものだ。むしろ、たいていの人はその構造を明らかにすることを楽しみにしているといってもよい。

推理小説では、犯罪の捜査はまず犯人の動機を明らかにすることからはじめるのが定石になっている。誰か人が殺されたとすれば、殺される理由があるはずで、その理由から割り出して怪しい人を探すわけだ。「インセンティブ」という言葉を使って言い換えれば、犯人には殺人をするインセンティブがあったはずだから、そのようなインセンティブのある人は誰だったのかをめぐって捜査がすすむということになる。サスペンス・ドラマでも、事件に関係している人々の間に微妙な利害関係があって、犯罪の動機が明らかになったとき、なるほどと思えるようなものが面白い。言い換えれば、インセンティブの構造が込み入っているものほど面白いし、ありきたりの動機ではがっかりさせられてしまう。「刑事コロンボ」シリーズは、このあたりを巧妙に利用している。ドラマの開始5分で犯人自体はわかってしまうのであるが、刑事コロンボが犯人が直面していた微妙なインセンティブの構造を、しだいに明らかにしていくところが、このドラマのまさに魅力になっている。

## 2　いろいろなインセンティブ

経済問題で重要になるインセンティブには、大きく分けて価格・金銭によるインセンティブ、法律や制度によるインセンティブ、あるいは習慣や宗教によるインセンティブに分類できる。

価格・金銭・物によるインセンティブは、その働きが一番はっきりしている。われわれの行動は金や物にすぐに影響されるからだ。

買おうかどうか迷っていた洋服が、ある日みるとバーゲンで安くなっているから、思わず買ってしまった。平たく言えば安くなったから買った、というわけだが、これは、価格のインセンティブが働いた、あるいは、価格が下がったことにより、買うインセンティブが増した、などと表現するとよい。価格が上がれば、それだけ買うインセンティブは減少する。単純明快である。

新築マンションを見学に行くと、お土産をくれたりする。たいした商品ではないが、ない場合に比べればちょっと見に行こうかという気持ちは増えるであろう。お土産が見学に行くためのインセンティブになっているのである。大学で学生の出席率が悪いのが問題であれば、出席した学生にお土産をあげれば、ちょっと見に行こうかという学生が増えるであろう。いっそのこと、授業料を多めに取って、出席するたびに学生に現金で1000円ずつ返金するようにすれば効果テキメンであることは間違いない。女性を誘った男性が食事代をもつことにも、似たような効果が期待できるようだ。

法律や制度によるインセンティブは、法律によってある行動をさせようとするものである。これは一見楽に実施できそうだが、そうではない。効果的な罰則がないと、インセンティブとして機能しないからであり、罰則を運用するコストを考えれば、法律によるインセンティブがすぐれているとはいえないからである。殺人くらいになるとモラルの問題も考慮すべきであろうが、それにしても、もし仮に法律は殺人はしてはならないと規定しているだけで、殺人に対する罰則規定が何もなければ、はたして社会が成り立つものであろうか。私には自信がない。

たいていの人にとって、違法駐車をしないのは、交通モラルがすぐれているためでも道路交通法の趣旨を理解しているからでもなく、単に駐車違反をとられた場合の金銭的出費が違法駐車を思いとどまらせるインセンティブになっているにすぎない。違法駐車に対する罰則規定がなかったとすると、交通の混乱は必至である。駐車禁止の取り締まりがまれになればなるほど、より多くの違法駐車が見られるのはこの事実を裏づけるものである。

この場合の法律の役割は、違反者に金銭的なインセンティブ（罰金）を与えることによって、人々の行動をコントロールしようとするものである。刑事事件の場合は、インセンティブは懲役の形で与えられることもある。いずれにせよ、法律とはインセンティブの構造を明文化したものにすぎない。したがって、そもそも法律は必要とする金銭的インセンティブの関係を考慮して作られなければならないものなのだ。世の中には金を与えて解決することを嫌う風潮があるが、法律によるインセンティブ自体、金で解決する部分がなければ機能しないことを忘れてはならない。

習慣や宗教によるインセンティブは、いったん動きはじめるとコストもかからず重宝であるが、かならずしも合理的には機能しないのが問題である。たいていの宗教は殺人を禁じていて、殺人をしたものは神様が罰してくれることになっている。信者が神の罰を恐れるため、あるいは神の意志を尊重するために、宗教が殺人を犯さないためのインセンティブとして機能している。神様が与える罰則を機能させるためには牢獄さえ必要でないため、われわれ人間が費やさなければならない費用はそれほど大きくない。したがって、この場合には宗教によるインセンティブは非常に効率的だといえる。残念ながら、罰則は宗教の違う人々を殺害した場合にはかならずしも当てはまらないらしいので、宗教の力を過信するのは危険である。

## 3　人の行動を変えるためのインセンティブ

インセンティブが人の行動を決めている、人はインセンティブによって行動しているということは、裏を返せばインセンティブの構造を変えることで、人の行動を変えることができるということであるし、インセンティブの構造を変えない限り人の行動は変わらないということを示唆している。また、人々の行動が好ましくないものであるならば、それはその人たちに与えられているインセンティブが不当であることに他ならない。

子供に勉強させる場合、いま勉強しておかないと将来に困るから、という台詞はあまり効果がない。それは、「将来困る」ということが子供にとって勉強をするインセンティブにならないから、子供の行動が変わらないのである。インセンティブとして機能しない理由は、まず第一に「将来困る」ことが子供にとっては具体的でないため、子供はそれが自分に与えられるであろう罰則であることを理解できない点にある。第二の理由は、実際に勉強した場合に本当に将来困らないかというと、これはおそらくその発言をした親にもそれほど自信のあることではないから、親のほうもそれが罰則であることを子供に理解させることができない点である。この場合は、やはりよく勉強したら金品を渡すなど、子供にとって具体的な約束するのが本筋であり、それによって子供には勉強するインセンティブが生まれ、行動は変化するであろう。

女性が20歳以上の男性の服装の趣味を変えるためには、それなりのインセンティブを与えなければならない。自分好みの服装をしてきたならば、きちんとゴホウビを上げるべきであって、それによってはじめて男性側に服装に気を使うインセンティブが生じるということを理解しなければならない。あなたには趣味が悪い服装だと思えても、信じがたいことに当の男性は絶対にそうは思ってはいない。したがって、適切なインセンティブを与えられなかった男性がある日突然服装のセンスに目覚めるなどは、阪神が日本シリーズで優勝するよりも可能性が低いのだ。この場合には、女性にとって厄介なのはご褒美の選び方であるかもしれない。理屈の上では金銭で片をつけてもよいはずであるが、あまり実行されているという話を聞かない。男性が女性に与えるインセンティブが、ほとんどの場合金品であることとは対照的である。

空き缶の投げ捨ては跡を絶たないが、これは空き缶を捨てないことへのインセンティブが弱いことの裏返しにすぎない。空き缶を捨てないインセンティブを与えるためには、罰則規定を強化するのがその一方法である。シンガポールの街中では空き缶はおろかごみくずが落ちていることもまれであるが、シンガポールではごみを捨てたのを見つかるとかなりの罰則がある。しかし、罰則を科すだけがインセンティブを強める方法ではなく、空き缶を買い取ることにすれば、たちどころに空き缶が集まり、空き缶の投げ捨ては激減するであろう。買い取りが金銭によるインセンティブになるからだ。缶飲料1缶につき5円あるいは10円の料金を上乗せし、缶を返却すればその上乗せ分を返却する「ディポジット制度」は、買い取り制度と同様な効果をもつであろう。一方で、ポイ捨て禁止のキャンペーンのポスターをそこらじゅうに貼りつけても、これは習慣やモラルに訴えるだけであるから、インセンティブの構造はいくらも変わりはしない。

2001年4月から家電リサイクル法が施行され、テレビや冷蔵庫などの大型家電製品のリサイクルが義務づけられた。その結果、これらの家電製品を家庭で廃棄する場合でもリサイクルの費用を負担する必要が生じた。住む地域と製品の大きさにもよるが、テレビを廃棄する場合4000~5000円の費用を負担しなければならない。リサイクルには費用がかかり、それを製品の便益を享受した者に負担させるのは理にかなっているのだが、違法投棄のインセンティブを考えると廃棄時にリサイクル費用を徴収するのには問題がある。なぜなら、正規に捨てる場合に費用がかかるために、知らぬふりをきめこんで近所のごみ捨て場にテレビを捨てたり、夜中に冷蔵庫を田んぼに投げ込んだりするインセンティブが生じるからだ。毎晩不特定多数の人の行動を監視するのはたいへんだから、違法投棄をしてもそれが発覚して罰則を受ける可能性は低い。そのため、違法投棄のコストは正式にリサイクル費用を負担するよりも低くなる可能性が高い。したがってこれから数年のうちに、これらの違法投棄による家電ごみ問題で頭を悩ませる大型マンション自治会や地方自治体が続出するであろう。問題解決のためには、たとえば発見された違反者には1000万円くらいの高額の罰金を科すなどして違法投棄のコストを上げるか、あるいは処理費用は廃棄のときではなく新製品の購入時に徴収してしまうことで、廃棄の際にリサイクルをするインセンティブを高めなければならない。

温暖化ガス(二酸化炭素)の削減は、わが国が現在直面する重要な問題のひとつである。石油やガスなどの化石燃料を燃やすことで温暖化ガスが生じるわけであるから、わが国の家計と企業において石油やガス、あるいはそれを用いて作られる電力の消費を抑えれば、温暖化ガスの排出量は削減される。環境省は、電気や石油を節約しよう、無駄な電気は消しましょう、などのキャンペーンをはじめたが、これではたいした効果は期待できない。そのような個人の習慣や地球愛にうったえるインセンティブがどこまで機能するか、はっきりしないからだ。本気で削減するのならば、化石燃料を減らす金銭的なインセンティブを与えるべきである。石油の消費などに課税する「環境税」はその一例である。

大学の講義への出席率が悪い理由のひとつに、そもそも講義自体がつまらないからだという説がある。この因果関係の真偽はともかく、日本の多くの大学において、学生の目から見て面白い講義をするためのインセンティブが教員に与えられていないというのは事実といってよかろう。授業評価を実施している大学、またその導入を検討している大学が増加傾向にあるのは、興味深い講義を教員にさせるための手段とも位置づけられているが、評価をするだけでは成果を測定しようとしているにすぎず、インセンティブの構造はたいして変わらない。たとえば評価の高い教員には、それだけ高い給与を支払うなどして、インセンティブの構造を変えなくては何も変わりはしないであろう。

## 4　インセンティブ契約

いくら特定の行動をさせるインセンティブを与えたところで、相手にそれがわからなければ意味がない。せっかく空き缶のディポジット制を導入しても、それを人々に宣伝しないのでは意味がないし、特定の地域での駐車違反に対し特別の罰金を科すことに決めても、肝心のドライバーたちがそれを知らなければ意味がない。自分の思いどおりの服装をしてくれればあとでたっぷりとご褒美をあげるつもりでも、相手の男性がそのご褒美に気づかなければ何も変わりはしないのである。

したがって、ある行動をとったらどのような利益が与えられるのかを、前もってお互いに確認し約束しあうことが戦略的に重要になることがわかる。その約束事のことをインセンティブ契約という。ビジネスの世界で言うと、契約を結ぶときに金銭の支払額を固定して決めてしまうのではなく、契約後に起こる事柄に依存させて支払額を調節するタイプの契約がインセンティブ契約の例である。インセンティブ契約は、インセンティブの構造をわかりやすくして、そのようなインセンティブがあるということを具体的に相手にわからせるという効果をもつことに注目すべきである。

プロ野球の選手が球団との契約のときに、あらかじめこれからのシーズン中のヒット数や勝ち星の目標を決めて、それを超えたときには年俸に上乗せしてボーナスを支払うと取り決めるのは、まさにインセンティブ契約である。しかし考えてみると、プロ野球の選手は毎年のように契約を更改し、そのときには前年度までの成績を考慮に入れた年俸が球団側から示されるわけであるから、もともとがんばってヒットを量産したりホームランを打ったりするインセンティブはたっぷりあったはずなのである。しかし問題は、球団からの提示はヒットを打ったり勝ち投手になったりした後でなされることである。これでは、プレー中にした仕事がどれだけの見返りになって跳ねかえってくるかがはっきりしないから、実際にプレーしている時点での選手へのインセンティブの強度はあいまいになってしまう。これに対してインセンティブ契約は、インセンティブを前もって明示的に確定できるメリットがある。

携帯電話の所有者は2002年4月の時点で約7000万人と推定されている。私が大学生であった1980年代には携帯電話を使用する大学生は皆無であったから、驚くべき速度で普及したわけである。普及を助けたのが、携帯電話会社が電話を販売する代理店との間で結んだインセンティブ契約である。携帯電話会社は、自社の携帯電話が1つ売れるたびにある決まった金額を販売店に支払うことを契約していたため、販売店側には、携帯電話を安値で売っても利益が上がることが保証され、それが薄利多売をするインセンティブになったわけだ。普及の速度の速さは、もちろん携帯電話の便利さを人々が好んだことにもよるわけだが、携帯電話会社のこの戦略が果たした役割は大きい。

会社経営をはじめ、一般に組織の運営方法にかかわる意思決定をする人々には、組織の将来を真剣に考えるインセンティブを与えなければならないのは当然である。企業の管理職、あるいは非管理職の労働者にも自社株をもたせるのは、企業の所有者である株主が興味をもっている株の価値がそのまま会社で働く人々の利益に直接反映されるようにする工夫である。反対に、組織の構成員の運命が、その組織の盛衰と直結しない場合には、彼らが意見をまとめて組織を効率的に運営していこうとするインセンティブは生じない。

最近、成果主義の給与体系を導入するのが流行になっているが、これは仕事の上での成果を出した人により高い給与を支払うことで、成果を出す努力をするインセンティブを与えようとするインセンティブ契約である。ここでのポイントも、インセンティブの構造を変えることだけではなく、成果を出すインセンティブを相手にはっきり認識させる点にある。一般の勤労者の仕事上の成果は昇進のような形で報われるのであるから、成果を出すインセンティブは以前からあったはずだ。しかし、漠然とした将来の昇進の可能性から生じるインセンティブの強度ははっきりしない。しかも、安定成長期に入った日本の企業の多くで、成果に対して昇進という形で実際に報われる可能性は減ってきているし、何よりも勤労者はそのように感じているはずだ。成果を何で測るかということが大きな問題点になることは確かではあるが、それにしても何らかの形の成果主義を持ち込むことなしに、勤労意欲を引き出すことはむずかしい。

これに対し、少なくとも表面的には横並び年功序列型賃金体系がかつては機能していたわけだから、アメリカ的な成果主義は日本にそもそもなじまないという議論や、あるいは成果主義を用いなければならなくなった現状は労働者の勤労モラルの低下に原因があるとする考え方もある。しかし、日本経済が脆弱であった時代には、自分の勤める会社の成長存続自体が重大な成果であり報酬であったし、またこの時代には、多くの大企業で管理職のポストに余裕があり、現在の努力が将来の昇進昇給につながるという労働者の期待があったことを忘れてはならない。すなわち、勤労者は成果に対する報酬が将来に支払われると期待していたし、実際そうなることが多かったために、勤労者はそういった成果報酬のための努力を惜しまなかっただけである。インセンティブがないにもかかわらず道徳的義務感から努力をしていたわけではない。

つまり、成果主義というシステム自体は、労働者に勤労意欲を与えるインセンティブの体系として以前からわが国に存在していたのであって、アメリカ型の経営方針に追従して急にはじまったことではないのである。問題は、時代の流れとともに勤労の成果に対する報酬が見えにくくなってきたことにあって、かつては現実的であった将来の昇進の可能性も、現在では漠然としてしまってインセンティブの強度が劣化した点にある。したがって、成果と報酬の関係をはっきり規定することで、インセンティブの強度をわかりやすいものとしようとする成果主義型の給与体系の理念は、試行錯誤を続けながらも効果的なインセンティブ契約として今後も広まっていくであろう。また、勤労者もそれを望むようになりつつある。社会経済生産性本部の新入社員意識調査によれば、能力主義志向、成果主義型給与体系を望むキャリア形成重視型の新入社員の数は年々増加しつづけていて、2002年度では調査対象の7割を占めるに至っている。

## 5 インセンティブを考え、真の理由を探る

人々の行動を裏づけるものとしてかならずインセンティブがあるということは、人の行動からその人が本当に考えていることを判断するときに、行動へのインセンティブから考察すべきだということも示唆する。

最近になってセルフ給油のガソリンスタンドが増えてはきたものの、エンジン室内の点検を無料でやるというガソリンスタンドはまだ数多い。点検自体はたしかに無料で、しかもタンク内の水抜きが必要だとかエンジンオイルを変えたほうがよいなどと教えてくれ、ついでにいまはキャンペーン中で安くできるとパンフレットまでもってきてくれるなど親切きわまりないのだが、インセンティブを考えるとそうも感心してはいられない。彼らには、交換不要の部品を交換させるインセンティブがあるからだ。まだ使える部品を交換しても、車の状態が悪くなることはまずありえないし、交換後に交換済みの古い部品をもち帰って検査する客もめったにいないから、少しでも古くなっていたら交換させてしまうほうが儲かるからである。

病院での治療にも似たようなインセンティブがある。病院が薬も販売すると、症状の軽い患者には、車の部品交換と同じ理屈でなるべく効き目の穏やかな薬を大量に買わせるインセンティブが生じる。病院は薬を販売せず医師の書いた処方箋をもって薬局で薬を買う方式では、薬局にわざわざ足を運ばされる患者は二度手間になるから不便であるが、このインセンティブの問題を考えれば薬剤費の圧縮につながることが予想されるのだ。

会議の席で、「○○の制度には問題があるから見直さなければいけない。改革の機運が高まっている」、「△△が行われることで、みんなが便利になったと喜んでいる。このまま続けるべきだ」、「××には不満の声が国民からあがっている」などという型の発言を聞いたことはないだろうか。このような型の意見には注意が必要である。主張を支える土台は「機運が高まっている」、「みんなが喜んでいる」という点であるが、肝心の機運の高まりはどこで観測されるのか、喜んでいるみんなはどこにいるのかさっぱりわからない。1億以上の人がいて1人も不満の声をあげないなどということは奇跡よりもむずかしい。これらは、「改革の機運が高まっていると私は想像している」、「みんなが喜んでいると私は想像している」、「俺は不満だよ」が文章の正確な意味であると認識すべきである。いずれにせよ確実なのは発言者本人がそう考えているという点であるから、さらに掘り下げてなぜそのような発言をするのか、発言のインセンティブを考えるとよい。発言者が「みんな」という言葉に潜ませようとしている裏づけのない客観性にだまされてはならない。「みんなもっているんだからアタシにも買ってよ」などといわれて物品購入に合意するのは戦略的思考不足である。「みんな」にあたる人の数がどれだけ大きいのかとても怪しい。

銀座や赤坂のクラブにいくと、可憐なホステスに容姿から何からほめあげられ、大の男が骨抜きにされてしまうらしい。彼女らのインセンティブを考えれば敵のコンタンは火を見るより明らかなはずで、どうしてこんな単純きわまる手管で料理されてしまう男性が多いのか、世の多くの女性には不可解きわまりないことであろう。そこでは想像をこえた高度に戦略的な思考に支えられた行動が展開されているはずなのだが、いかんせん私はこれまでそのようなところに行ったことがないため、ここで読者にその機微をお伝えすることができないのが残念である。

## 6 インセンティブを与える工夫

直接物やお金を受け取るのではなくて、物やお金を受け取る可能性がある、あるいは失う可能性がある、ということも効果的なインセンティブになりうる。ある行動をすることへのご褒美は、かならずしもすぐに与えられなくてもよいし、行動を禁止するための罰金はかならずしもいつでも科される必要があるわけではない。

1万円の罰金があっても、それを払わされる確率が1%であるならば、平均的な支払いは100円になり、そのあたりの合法的な駐車場よりも安くなるから、違法駐車をするのは経済的に合理的でさえある。したがって、罰金が有効なインセンティブとして働くためには、摘発される確率が十分大きくなくてはならないが、そのためには多くの人員をかけて見回りをしなければならなくなるのでコストがかかる。しかし、考え方を変えると、摘発される確率が小さいままでも、罰金が十分大きければインセンティブとして働くことがわかる。仮に摘発される確率が0・1%に下がっても、罰金が1億円になれば誰も違法駐車などしたりはしない。罰金が法律によるインセンティブを支えている以上、その金額は摘発の確率との関係で決定されるべきである。

高度に戦略的な人々は、思わせぶりなそぶりを上手に使う。「今度機会があったらぜひ2人きりで……」という発言は耳にしても、肝心の「今度」はめったにやってこないものだ。将来大きなご褒美をあげるということを目の前にいつでもちらつかせておけば、本当に与えるのは実に小さな確率でよい。相手がすっかり術中にはまって何でも言うことを聞いてくれれば、小さな可能性だけでインセンティブとしては十分なのである。

インセンティブは将来の見返りという形でも与えられる。日本の終身雇用・年功制会社システムにおいては、入社時点からしばらくは横並びの給与体系が続いていても、将来の昇進の時期や、どのような仕事が与えられるかという形で働くインセンティブが与えられていた。自分の仕事の成果が現時点の給与差に反映される形でなくても、将来になっての昇進のために人は働くものである。昇進の時期まで横並びになってしまっては、働くインセンティブにならない。

ただし、将来の見返りがインセンティブとして働くためには、長期の信頼関係と安定性が前提となる。見返りがあるはずの将来に会社がなくなっていたのでは元も子もないし、過去に成果を上げた人が昇進によって報われるという例を目の当たりにしなければ、将来の見返りも単に空虚に耳に響くだけである。現在働くインセンティブの強さは、人々が将来をどのように考えるかに依存する。右肩上がりの世の中では、ばら色の将来は確実にやってくるものであったために将来の見返りによるインセンティブは強く働く。しかし一方で、将来の見返りに頼るインセンティブは、人が将来に不安を感じはじめたとたんに脆いものになってしまうのである。

思わせぶりなそぶりも、あまりに多用したりすれば効き目が弱くなるし、あまりに現実離れしたご褒美を約束しても案外相手は乗ってこない。このあたり、相手にこれならありそうかなと思わせる程度のご褒美を用意して、信頼を維持するのが肝心のようだ。

コストがかかるために、摘発の確率を高めるのがむずかしいときには、罰則からくる損失を大きくすべきである。試験にカンニングは付き物であるものの、試験監督をしてみるとわかるがカンニングの摘発はなかなかむずかしい。そのため、大学ではカンニングが摘発された場合には、1年間停学、退学放校など、学生の人生設計を大きく左右するほどの罰則を科してそれを防ぐのである。

インセンティブの強度が罰金の科される確率に依存することを考慮すれば、その確率を正確に、できれば実際よりも高く、相手に認識させることがインセンティブを与えるコストを下げる上で重要であることがわかる。罰金を科すこと自体が目的ではなく、それによって行動を変えることが問題なのだから、罰金の収入を上げるためにあえて隠れて取り締まるのでは意味がない。駐車違反やスピード違反も、重大な犯罪として写真入りで犯人をインターネットで糾弾するくらいの工夫をすれば、取り締まりのコストを下げることに寄与するであろう。

カンニングを摘発したときには有無を言わさず厳罰に処し、それを大きく宣伝すべきである。こんどだけは、と許してしまうと、それはたちまち学生の間に知られることになり、彼らが認識する本当に摘発される確率は下がってしまう。

猛犬注意の張り紙は、犬がいれば効果があるので飼い犬が本当に猛犬である必要はない。私がアメリカに住んでいたときのアパートには、セキュリティシステムで完全に防御されていますとのステッカーが張ってあったが、家の中のどこを見てもセキュリティシステムらしきものはなかった。これらは、望まれぬ外来者にわが家から遠ざかるインセンティブを与えようとするものであるが、実際に悪いことが起こる確率を相手に過大評価してもらうことにより、インセンティブを与えるのにかかるコストを削減する努力のあらわれである。しかし、これらの過大評価作戦はかならずしもいつもうまくいくとは限らない。手馴れた泥棒は猛犬注意の張り紙の本当の意味をよく知っているし、セキュリティ業務の大手セコムのロゴを真似てステッカーを作って家に張っておけば効果はあるだろうが、これはセコムにロゴの無断借用で訴えられる可能性があるので、やめたほうが賢明であろう。

理屈の上では、罰則からくる損失あるいは与えられるご褒美からの利益を大きくすればするほど、罰則を与える確率やご褒美を与える確率を小さくできるはずであるが、これにも限度というものがある。罰則をあまりに大きくすると、万が一誤って罰則を与えた場合の損失が大きくなることも意味するから、小さな誤りがたいへんな帰結を招きかねない。ごみの投げ捨てに対して無期懲役くらいの刑に処することにすれば、ごみの投げ捨てを摘発する確率が相当低くても効果がある理屈だが、うっかり風でとばされてしまったごみくずがたまたま見つけられた場合にも一生牢屋にはいるのではたまらない。罰則の大きさはほどほどにしておかないと、間違いに対して非常に脆弱になるのだ。

また、人にはあまりに小さな確率は無視してしまう傾向もある。たとえば、私はいま11階の部屋でこの部分を書いているが、今まさに地震が起こってこの建物ごと原稿もふいになってしまう確率はゼロではない。しかし、それを意識してこの部分を書いているとはとてもいえない。

思わせぶり戦略も、ご褒美が与えられる確率を相手により高く見積もらせることにより当然効率はよくなるが、ご褒美をまったく与えないと、相手の想定する確率は低下し、そのうちに無視されるようになってしまってインセンティブの強度が弱まる。したがって、ご褒美は小出しにしてはじめに少しだけ与え相手に大きな期待を抱かせておいて、その後はご褒美は時々もらえるということを相手に納得させつづけるのがこの戦略の要点である。はじめはよくかかってきた電話の回数がしだいに減ったり、釣った魚にえさをやらなかったりするのも理にかなっているし、忘れた頃にひょいと花束なんぞ買ってもっていってみるとインセンティブの強度を劇的に上げる効果があるのも、理由のあることなのである。

## 7　長期的関係と条件付罰則戦略

ご褒美や罰は現在すぐに与えなくても、将来に与えることを約束したり、あるいはある一定の確率で与えることで、相手へのインセンティブになりうる。したがって、長期的な関係を前提とすれば、現在の行動を条件にして将来に罰を与えるという約束、いわば条件付罰則戦略も、相手に特定の行動を促すインセンティブになる。使いようによっては、インセンティブのコストを抑える有用な手段である。

子供に部屋を片づけさせようとするとき、インセンティブの与え方のひとつは、部屋をきれいにしていればお小遣いを増やす、というものである。同様に効果があると考えられるのは、部屋が片づいていなければ、お小遣いを減らすというものである。単刀直入に言えば、言うことを聞かなければ罰を与えると脅すわけだ。どちらにしても、子供には部屋を片づけるインセンティブが生じるだろう。ポイントは、このインセンティブ作戦が成功して部屋がきれいになったとき、前者の場合お小遣いの増額をせざるを得ないが、後者の場合は何も起こらない。つまり、約束に反することがあれば罰を与えるという策は、実際にはいつまでたっても罰則を与えることとなしにインセンティブを与えることができるのだ。大多数の法律はその効果を利用している。法律で禁じられているからやらないということは、言い換えれば法律が条件付罰則戦略になっているからだ。

思わせぶり戦略よりも、戦略的にさらに踏み込んだヤラズボッタクリ戦略という手ごわいものがある。思わせぶり戦略では、それでもたまにはご褒美がやってくるものだが、ヤラズボッタクリ戦略を使いこなす人物は、自分の意のままにならないようなら「別れましょう」などというコロシ文句を駆使して、金目の物をせしめたりする。そのくせ、いつまでたっても別れたりはしないのである。

本来相反する利害関係にある人々であるはずなのに、なぜか協調関係が生まれてしまっている現象は、この種の条件付罰則戦略が応用されていると理解できる場合がある。工事の受注に関する談合の事例は数限りないが、素朴な疑問は本来競争関係にあるはずの建設会社の間に、なぜそのような協調ができるのかという点である。この場合の条件付罰則戦略とは、もし談合破りをして誰かが安値受注をすれば、そのあとは約束はご破算にして全社で安値受注に走ろうというものだ。このような条件付罰則戦略を相手がとったとき、談合破りは将来の熾烈な価格競争で利益を圧迫することを意味するから、約束通り順送りに受注したほうが得になるので、談合を破らないのが最善である。そうすると、罰則であるはずの熾烈な価格競争はいつまでたっても起こらず、順送りの高値受注が維持できるのだ。

条件付罰則戦略は相手に具体的に指し示したり、約束せずとも効果を発揮することもある。仲間意識、共同体意識というものは、明示的にお互いに指し示されてはいなくとも、たいてい条件付罰則戦略に支えられている。もしもしきたりに反することをすれば、仲間はずれになるという罰則がある。だから、しきたりにしたがおうというのが、共同体意識の戦略的構造である。ニョウボ・ダンナにかくれてやってみたいことはあるけれども、ばれたら怖いからやらないというのも、この種の例である。銀行の経営方針からブランド品の過剰なまでの流行など、わが国で広く見られる横並び現象も、横並びからの逸脱が罰せられるに違いないと当事者が思い込んでしまっているのが原因の一端ではなかろうか。

## 8　適切なインセンティブ強度

人の行動をコントロールするためにはインセンティブを与える必要があることはすでに述べたが、そのインセンティブの強さの程度が問題である。インセンティブが強ければ人はそれだけその行動に励むであろう。しかし、インセンティブを与えるにはコストがかかるし、また行動を誘うのにも適当な程度というものがある。

回収した空き缶1つに対し1000円の報奨金を払うことにすれば、わが国の道という道からたちどころに空き缶は消え去ることであろう。しかしながら、そのために支払わなければならない費用は莫大となるのもこれまた確実である。電気やガスなどに価格の10倍の環境税をかければ、わが国のエネルギー消費量は激減し、かの京都議定書の目標も余裕をもって達成されるであろう。同時に、われわれは江戸時代並みの生活を強いられることであろう。環境を愛する人々はそれでもよいと考えているフシがあるが、私はまっぴらゴメンである。人を誘うとき、食事代をもつだけでなく、ついでに数万円のお小遣いまであげることにすればかなりの人気者になれることは請け合いであるが、こうなってくるとそもそも何が目的だったのかもわからなくなる。強いインセンティブを与えればよいというものではない。何事にも適量というものがある。

単純な物の売買では、物に値段がつくことでインセンティブの調整が自動的に行われている。たとえば、製作するのに2000円のコストがかかる品物に対して4000円までなら払う用意がある人がいたとする。この場合、2000円以上で製品が売れるのでなければ、製作をするインセンティブが生まれない。一方、買い手のほうには4000円以下の価格ならば買うインセンティブが生じる。したがって、この製品の値段がたとえば3000円となれば、生産者は製作をして買い手はそれを買い入れるから、めでたく品物はこの世に生まれてくるわけだ。

一方、買い手が払いたい金額が高々1000円であれば、買い手に買うインセンティブが生じるためには価格は1000円以下でなければならない。このときは、売り手に作るインセンティブを与えかつ買い手にも買うインセンティブを与えるような価格はないから、品物は作られない。しかし、そもそも買い手が1000円しか払う気がない製品を2000円のコストをかけて製作するのは馬鹿げているから、品物が作られないのはむしろ好ましいことである。つまり、このように参加する売り手と買い手の間でのみ費用と便益のやり取りが行われる単純な取引のシナリオでは、価格が適度なインセンティブを自動的に与えると期待できる。これが需要と供給の経済理論の要点である。

しかし、行動をする本人以外に費用がかかったり便益がもたらされたりする場合、インセンティブが自然に与えられるとは限らない。またインセンティブを与えなければならないということがはっきりしている場合でも、どれだけ強いインセンティブを与えるべきかという問題の解決法はかならずしも明らかでない。世の中には自動的に適当な価格が設定されないものも数多くあるからだ。

右で述べてきたような環境の問題はその一例である。地球の温暖化が現実的なものになりつつある現在、われわれが化石燃料を過大に消費して二酸化炭素を排出しすぎたことに疑いはない。それは二酸化炭素の排出を抑える、あるいは二酸化炭素を吸収することに対するインセンティブが小さすぎたことを意味することも間違いない。しかしながら、それではどの程度の、またどのような方法でインセンティブを与えるべきなのか、という問題になると解決は困難をきわめる。二酸化炭素の削減は、地球上のどこで行われてもその全地球的な効果はほぼ同じであるため、どの国にとっても、自国は努力をなるべくせずに他国が削減するのを待つインセンティブがあるからである。

### 学生時代の思い出

大学入学当時，受験勉強の反動からか日本に革命を起こすことを目標にしていた私は，まずはマルクスを勉強せねばならぬと考え，『資本論』をひもといたが，どうもさっぱり理解できなかった．これが理解できないのは，マルクス主義のよって立つ哲学が理解できなかったためと考え，岩波文庫のカントやフォイエルバッハなど読みふけったがこれらもよくはわからない．そこで，それ以前の哲学，それがわからないからその前のという具合に，最後はアリストテレスあたりまでさかのぼったはずだ．しかし，結局は身につかなかったらしくこれらの内容はほとんど記憶していない．当時自分が読んだ本をいま見てみると，さかんに線が引いてあったり当時の心境がうかがえる書き込みがしてあって，それらの書き込みを読むと結構興味深い．学生諸君はいまのうちにせっせと本を汚しておくとよい．

さて，マルクス＝エンゲルス共著の『ドイツ・イデオロギー』（1845～46）は次のように締めくくられている。

「哲学者たちは世界をただざまざまに解釈してきただけである．しかし肝腎なのはそれを変えることである」（真下信一訳）

この言葉に当時の私はいたく感心したらしく，赤線で囲ってあるだけでなく，いろいろなところにこの言葉を書きつけている．この「変えること」を「革命」に結びつけてしまった当時の私は，戦略的思考からするとはなはだ幼稚であった．現実を「変える」ためには，人と人の間に働くインセンティブの構造を変えなければならないのである．共産主義を標榜する国々が，個人の経済インセンティブを無視した全体主義と化してしまい，強権と暴力をもってしか現実を変えられなくなってしまったのは，皮肉なことだ．

# 第5章　コミットメント

## 1　自分を縛ることに意味がある

「コミット」するというのは、自分が将来にとる行動を表明し、それを確実に実行するということを約束することである。コミットする行為や、約束の内容を指して「コミットメント」(commitment) という。

私たちの生活の中で、コミットメントが重要な意味合いをもつ例を見つけるのはたやすい。待ち合わせのために時間と場所を決めるというのは、その時間、指定した場所に現れるという行動を、会う相手に対してコミットするということである。「予約」という制度もコミットメントである。レストランの席を予約する、というのは、ある時刻にレストランに現れて食事をするということをコミットしていると理解できる。新発売のゲームソフトの予約をするということは、将来製品が売りに出されたときに自分がそれを買い求めるということをコミットしているわけだ。

しかし、成り行きを見守りつつ自分の態度をできる限りぎりぎりまで決めないというウェイト・アンド・シー戦略は、賢い意思決定のためのテクニックのひとつである。なぜなら、もしも状況が変化すればほかの行動に変更したくなるかもしれないのに、行動を前もってコミットしてしまえば、予定変更の可能性をなくしてしまうことになるからだ。新幹線の自由席の券を出発の日以前に買うことにはあまり意味がないし、美術館の入場券は着いたときにその場で買えば十分だ。この観点からすると、コミットメントはできるだけ避けたほうが有利なのだ。

したがって、予約というコミットメントをあえてするからには、その不利益を補う代償を得ているはずである。レストランの例でいえば、満席になって食事ができなくなる不都合を排除していることがその代償になっているというわけだ。しかし、自分の行動だけでなく他人の行動もお互いの利益を決める戦略的環境では、コミットメントの役割はより複雑かつ繊細である。

## 2　戦略的環境とコミットメント

まず最初に、戦略的環境で、コミットメントをすることがいつでも自分の立場を有利に導くというわけではないことを注意しておく。ジャンケンをするとき、自分が何を出すのかをコミットしようとはしないであろう。野球のピッチャーも、次に投げる球の球種をバッターに対してコミットしないほうが得策であろう。すると、自分の行動を前もって束縛するようなコミットメントが有効になる場合は、どのような状況なのだろうか。

次の例を考えよう。いま、歩道を自転車で走っていると、向こうからも自転車がやってくる。狭いところなので、まともにまっすぐ進んでは衝突するかもしれない。そんなとき、一番よいのはなるべく早く左右どちらかに寄ることである。たとえば、自分が左に寄ってしまえば、それを見た相手は衝突を避けるため反対側に寄るであろう。それをためらって直前まで待っていると、お互いにどちらにかわしたらよいのか迷ってぶつかってしまうかもしれない。この場合、左右どちらを通るのかという行動を早くコミットしてしまう戦略が有効なのだ。

自分が特定の行動にコミットできれば、自然に相手はその行動を前提として最善をつくすであろう。その最善をつくした相手の行動が、自分にとっても好ましいものになるように、きちんと先を読んで行動をコミットするのがここでのポイントである。言い換えれば、自分のコミットした行動に対する相手の最善な対応が、自分にとっても利益になるような場合には、あえて自分の行動を縛るべくコミットメントをする価値があるのだ。

あるテレビドラマで、「もう僕には君しかいない」と言いながら他の女友達の連絡先を書いた手帳を焼き捨てるシーンがあった。これは「君しかいない」ということをコミットすることで、「そこまで思われているならば、この人が最善の選択だわ」と、決断しかねていた相手の女性から歓心をひきだそうとする非常に高級な戦略である。もっとも、手帳を焼き捨てるのは古きよき時代の話で、最近ならば携帯電話のアドレスのメモリーを消す、あるいは携帯電話の電話番号を変える、という形でコミットメントが実践されているようだ。結婚をする前に、婚約という儀式を指輪まで買ってするのも、おそらくはコミットメントが有効な例であると考えられる。

自分が先読みして、自分の行動をコミットする対策を練らなければならない相手が自分自身であることも、しばしばある。ダイエットをしている人は、冷蔵庫にケーキを置いておくべきではない。将来の弱気な自分に対して、自分はケーキを食べない、ということをコミットしてあげるべきだからだ。将来の自分の理性をそう簡単に信じてはいけない。衝動買いをしがちな人は、クレジットカードを持ち歩かないほうがよいし、酒を控えたい人はしらふのうちに水を腹いっぱい飲んでおけばかなり効果がある。いずれも、現在そのようにコミットして、将来の自分が現在の自分の意思に反した行動をとることを妨げているのだ。

一方で、ジャンケンでは、どのような行動にコミットしたとしても、それに対する相手の最善な対応は自分にとっては最悪であるから、コミットメントは効果的な戦略ではない。野球のピッチャーも、球種をコミットしてしまえば、それに対するバッターの対応もしやすくなるから、コミットメントは逆効果だ。

このように、コミットメントが有効な戦略になるかどうかは、当事者がおかれている戦略的環境によるのである。

## 3　物の売り買い

コミットメントというキーワードで理解できる経済現象は数多い。一番単純な例は、簡単な物の売買の場面で現れる。

まずは、売り手と買い手の1対1の売買を考えよう。叩き売りをする売り手が、これ以上びた一文まけられないとタンカを切るのは、経済学的に理にかなっている。つまり、叩き売りは自分が値下げを絶対にしないということを買い手にコミットしたいのだ。買い手がその品物を1000円以下ならば買おうとしているとき、売り手が900円以下では売らないことをコミットできれば、買い手は900円で手をうつであろう。なぜならば、売り手が900円以下では売らないという前提のもとでは、900円で買い取る以上に有利な結果は得られないからだ。ところが弱気を見せて、いくらでも値下げすると思われてはどこまで足もとをみられるかわからない。

同様なことが買い手にも言える。イスラエルの首都エルサレムの旧市街には雑多な土産物屋がひしめいているが、これらの土産物屋に行ったときには、絶対に売り手の言い値で買ってはならない。できるだけ安く値切る意思を見せ、まけないのなら買わなくてもよいと立ち去るくらいの意気込みで、買い取る最高価格にコミットすることが肝要である。

叩き売りや土産物屋のような例は、われわれの身のまわりにもある。冬物の洋服のバーゲンを考えてみよう。「最後の大バーゲン」と銘打って売り払おうとするのは、実はこれ以上価格は下げないとコミットする作戦である。スーパーマーケットでは、閉店間際になると生鮮食料品を値下げして売り切ろうとするが、高級食料品店では値下げはしない。もし売れ残れば処分してしまうというもったいない話だが、これも価格を下げないことにコミットしようとしているのである。いわゆる高級ブランド品と呼ばれる装飾品は、デザインが古くなっても値引き販売はされずにどこかに消えてしまう。バーゲンセールなどやらないとコミットすることで、消費者により高い値段を払わせることができるのだ。

代理人（エージェント）を媒介して品物を売るというのも、実は価格へのコミットメントとして働く。もし私が八百屋の商店主であったら、百戦錬磨の買い手たちに、たちどころにして値切られてしまうであろう。ところが、あえてアルバイトを雇って売らせてみたらどうであろう。アルバイトは自分にはそのような権限はないから、と値下げは拒むに違いないし、交渉する相手もそれならば仕方がないと引き下がることであろう。スーパーやデパートで品物を値切る人が少ないのは、このコミットメントの効果が働いているのだ。

## 4　信頼できるコミットメント

コミットメントが戦略的な効果を十分に発揮するためには、それが信頼のできるものでなければならない。いくら自分がある行動にコミットした気になっていても、相手がそれを信頼してくれないことには、相手の行動が予定どおりに決まるとは限らないからである。

先にあげたレストランの予約の例では、予約を入れた人に他の重要な用事が入ればその予約は確実にキャンセルされる。したがって、一見《いちげん》の客がレストランの予約をしても、それはあまり信頼のできるコミットメントではない。したがって、パーティーの予約をして約束の時間どおりに来たのに、こちらの顔を見てから店員があたふたとテーブルを動かしはじめても怒ってはならない。自転車での衝突を避けるためには道の片側にコミットすべきであると述べたが、酔いどれてふらふらしながら運転している人がこれをやっても効果は薄い。

ダイエットの例でも、もちろん自分にケーキを食べてはいけないと言い聞かせることもコミットメントの一形態であるが、将来の自分にとっては到底信頼のできるものではないのが問題である。同じ理由で、衝動買いはしないようにしよう、酒を飲むのはやめておこうといくら自分に言い聞かせ将来の自分の行動をコミットしようとしても、その信頼度が怪しいものなので効果がないのである。

いつでもバーゲンセールをやっているような店では、定価で商品を売るのはむずかしい。定価を維持するというコミットメントは信頼されず、待っていれば価格は下がると期待されてしまうからだ。

報酬として来年の正月に1000万円払うとコミットできれば、たいていの家事は配偶者におしつけられるはずであるが、いかんせんこのコミットメントは相手に信頼されないから効果を発揮しない。家事はそこそこ分担するのがよいとしたものだ。

それでは、どのようなコミットメントが信頼されるのであろうか。信頼できるコミットメントとは、実際に宣言どおりに遂行されるとみてよいコミットメントということである。したがってコミットメントを信頼できるものにするためには、当初にコミットしたとおりの行動をとるインセンティブがある、あるいはコミットメントに反した行動をとることができないか、さもなくば多大な損害を被るということを相手に知らしめる工夫が必要である。

場所を決めて待ち合わせをするのも、コミットメントが役立っている例である。知り合いと待ち合わせの場所を決めるとき、もし相手が渋谷駅で待ち合わせをしようと言い出したら、つまり相手が渋谷駅に現れるという行動をとるというコミットメントをしてきたとき、このコミットメントの信頼度はかなり高い。こちらを渋谷に呼び出しておいたときに、本人が新宿に現れても何のメリットもないからだ。つまり、当初にコミットしたとおりの行動をとるのがコミットした人の利益になるので、これは信頼できるコミットメントなのである。一方、待ち合わせ時間のほうはそれほど信頼のおけるコミットメントではない。こちらを時間どおりに来させておいて、コミットメントに反して15分遅れて悠々と現れるほうが、自分が待たされることを避けられるという利益があるからである。

恋愛の例でいえば、手帳を焼いたり携帯電話を取り替えたりすることが、男性側のコミットメントをより信頼できるものにしていることに注意すべきである。つまり、コミットメントに反する行為をとりえないということを女性に示すのが、コミットメントを信頼できるものにするために肝要なのだ。結婚式は、これからの結婚生活を一生幸福でおくろうと、当事者がコミットしあう儀式である。大金をかけ、着せ替え人形のごとく衣装を替えて意味不明のゴンドラに乗ってカップルが登場する派手な結婚式も、コミットメントの信頼度を増そうという努力の現れであるから、そのような人々を笑ってはならない。指輪を購入する場合でも、それが高額であればこそ、コミットメントに反する行為をした場合の損害を大きくするという形でコミットメントの信頼度が確保されるのである。ここでけちをしてはいけない。

法律や制度もコミットメントの信頼度強化に利用されている。ある行動をとることが制度によって定められていたり、ある行動をとることが法律で禁止されたりしていれば、その行動をとる、あるいはとらないというコミットメントは信頼されやすい。狭い道路で2台の車が出くわしたとき、相手の車が左に寄ったとしよう。その車はそのまま左側を進むとコミットしたいわけであるが、このコミットメントが信頼にたるのは、わが国では車は左側通行と決まっているからである。右側通行のアメリカでは、もちろん左側にコミットするのはむずかしい。

## 5　交渉術

社会経済活動は交渉にはじまり交渉に終わる。社会を形成し分業が進んだ世の中では、交渉によって利益を分かちあっていく作業が欠かせない。交渉術は高度に戦略的であって、交渉に長《た》けるためには複雑な戦略的思考を身につける必要があるが、基本的な考え方は簡単に理解できる。交渉がまとまることによってどれだけの利益が生まれるかが確定していれば、もちろん、細かい交渉術によって差が出るが、その利益を折半するのがおとしどころというものである。つまり、交渉が成立することによって総額100万円の利益が出るのならば、それぞれ50万円とるのが相場だ。

たとえば、駅からある地点までのタクシー料金が4000円であるとしよう。そこに行く用事のある見ず知らずの2人がタクシーに相乗りし、タクシー料金を折半するのはごく自然の成り行きである。これを戦略的に言いなおすと、交渉の結果として相乗りが成立すれば、2人にとっては本来2人で8000円かかるタクシー代を4000円に減らせるのだから差し引き4000円の利益がでる。したがって、その4000円の利益を半分ずつ分かちあうべく、2000円ずつ料金を負担するのである。

わざわざ利益を計算して分析するのは回りくどいようだが、例を少し変えるとその効果がわかる。たとえば、この2人の行く方角はいっしょだが、Aさんの行くA地点のほうがもう1人のBさんが行くB地点よりも遠く、タクシー料金はA地点までが8000円、B地点が6000円で、B地点を経由してA地点まで行くと1万円かかる。この場合も、相乗りすると効果があるが、1万円を折半したのでは明らかにBさんが損である。これも、交渉から生まれる総利益で考えるとすっきりする。つまり、相乗りをすることによって2人に生まれる利益は、交渉が決裂して2人別々に乗った場合の総費用の1万4000円から相乗りのときのコストの1万円の差だから4000円である。それを折半して2000円の利益を受け取るのがおとしどころなので、Aさんが6000円、Bさんが4000円支払うのが相場である。

家屋を違法に占拠している人を強制的に立ち退かせることは、以前よりは容易になった。しかしながら、いまだに50万円から100万円の立退き料を支払って穏便に退去してもらうのが一般的である。そもそも法律を犯している人にお金を払わなければならないのは理不尽なようだが、この問題も戦略的に考えると明瞭になる。この場合、立ち退き交渉が決裂したときに、裁判所をとおして合法的かつ強制的に相手を立ち退かせる費用がかかるというところがミソで、交渉が成立するということはその費用分が得になるということにほかならない。強制的に退去させるとなると雑多な費用がかさみ、それが合計で100万円から200万円になるのが相場である。つまり、立ち退き交渉とはこの費用を節約できることから生じる利益を折半するのがおとしどころなので、交渉から生じる利益の半分にあたる50万円から100万円の立退き料は、しごく理にかなった数字なのである。

さて、タクシーの例で注目すべきなのは、最終的な支払額は、交渉が決裂した場合に支払う金額から利益を差し引いた額になるという点である。つまり、交渉が決裂した場合に支払わなければならない費用を低くしておけば、それだけ負担も小さくなる。たとえば、Aさんが、B地点を経由しなければ、A地点までのタクシー代はB地点に行くのと同じ6000円であると主張したとしよう。もしこれが受け入れられるとすると、どちらにしてもかかる費用は2人とも同じだから、1万円の相乗り費用は5000円ずつ負担するのが妥当である。交渉で生まれる利益で再考しても、2人が別々に乗れば1万2000円だから利益は2000円、それを折半して6000円から差し引くと5000円ずつという数字が出てくる。

このことから、交渉においては、もし交渉が決裂した場合に自分がいくら支払わなければならないかという金額にどうコミットするかが重要になることがわかる。右のタクシーの例では、もし2人がB地点を経由しないでA地点まで行くときのタクシー料金を知っていたならば、Aさんが仮に6000円と主張しても、それは信頼できるコミットメントにはならず、8000円をベースに費用の負担が決まるであろう。したがって、交渉が決裂した場合にせざるを得ないことを、なるべく自分に有利なように、しかも相手に信頼される形でコミットすることが、交渉術の重要な要素になることがわかる。

価格交渉をする上で、他ではこの値段で手にはいるのだから、もっと安くしろというのは常套手段で、単に安くしろと交渉するよりはるかに効果がある。交渉が決裂した場合には最悪でもこの値段以上は支払わないということを相手に信頼させるためには、客観的な第三者を持ち出すのが効果的だからである。長引く不況の中、求職転職のために資格を取得し、自分の市場価値を高めるということが重要視されているが、これも将来の雇用者との交渉を有利にするため、決裂しても自分にコミットできることを客観的に作っておく作業に他ならない。

決裂した場合にすることをコミットすることは、交渉を有利に進めるための戦略的行動であって、交渉を決裂させるのが目的ではない。タクシーの例でもわかるように、決裂時に行う行動は、交渉の利益をその上に積み上げるというスタート地点に他ならない。スタート地点を有利にしておくというのはもっともなことで、そこからどれだけ譲歩するかが交渉の結果として決まるのである。2002年に中国の公安当局による日本領事館侵入事件が起こった直後、中国政府が高飛車とも思える態度をしたのも当然で、来るべき交渉のためには決裂の際になにをするかを先んじて有利にコミットしておくのが基本中の基本だからだ。交渉の際にはもちろんそこから譲歩するのである。男性がかんかんになって怒ったり女性がいきなり泣いたりするのも、交渉のスタート地点を有利にコミットする戦略的行動であるべきで、泣いたり怒ったりしているのはコミットメントの信頼度を増すための初歩的なテクニックである。そのようなあからさまな戦略に対して、相手の言いなりに譲歩するなど、戦略的思考の欠如もはなはだしい。

## 6　駆け引きのタイミング

コミットメントの信頼度は、交渉を行う時期に依存するから、自分に有利に交渉を運ぶためには、交渉をいつ行うかが重要な要素になる。

日本ではまだ出会ったためしがないが、海外ではメーターを使わずに価格交渉を挑んでくるタクシーの運転手に出会うことが結構ある。私のガードが甘く見えるのか、それとも日本人旅行者にはいつでも試しているのであろうか。ともかく、この交渉にも当然戦略的駆け引きがある。タクシー側にとって、自分の交渉力がもっとも弱くなるのは、客を目的地に降ろしてしまった後である。なぜなら、メーターを倒していない悲しさで、客に値切られてもコミットする価格がないからである。したがってこの場合、乗せた時点で話を持ちかけるのが定石だ。

ロンドンでのこと。空港行きの列車の駅までのつもりで乗ったタクシーだったが、運転手は駅までという注文に対し、お客さん、2人で電車に乗るくらいなら空港まで40ポンドで乗らないかと持ちかけてきた。彼の言い分は、駅まででも10ポンド近くかかるし、電車賃は2人で30ポンド近くかかるから、結局40ポンドはかかる。それよりもこのまま一気に空港まで行ったほうが早いし楽ではないかとしごく合理的なもので、確かに電車賃はそのくらいかかることを知っていた私たちは、彼の申し出を受け入れ空港まで40ポンドで直行した。彼の鋭いところは、私たちがコミットできる価格は40ポンド程度だということを知っていて、ぎりぎりの価格を出発時に提示してきた点である。

東南アジアのとある町でのこと。こちらのタクシーはホテルまでというとメーターも倒さずいきなり走りはじめた。ホテルにつくと日本円で1000円程度を請求してきたが、こちらがメーター料金を見せろというとメーターは壊れているなどと姑息な嘘をつくので、それなら払う義務はないとさっさと降りてしまった。1000円程度払うのはもちろん金額的にはたいしたことはないのだが、こんな本を書いている以上私にもプライドというものがあって、断じて払うわけにはいかない。読者もこういう状況になったときには請求どおりに支払うべきではなく、お金は後でユニセフなどに寄付するほうがよい。さて、この話の中ではホテルが目的地というのが要点で、運転手が何を言おうともいざとなればホテルの人を呼び出せば危険はないという先読みが戦略的なミソである。逆に郊外の人影まばらな観光地が目的地のときには、おとなしく払ったほうが無難であろう。戦略的君子危うきに近寄らず、である。

日本には部品メーカーが製品を納入する場合に、製品価格後決めという妙な慣行が幅を利かせている業種があるが、納品した後は製品納入者の交渉力がもっとも弱いときであるから、値切られるのが目に見えている。転売の効かない物に関しては、価格交渉を先にして契約書を取り交わすのは鉄則である。といいながら、私自身も出版社と特に正式な契約書も取り交わさずにこの原稿を書いている。業界の慣習らしいが、恐ろしいものだ。

2002年のワールドカップに参加したカメルーン代表のサッカーチームは、予定日になっても日本に現れなかった。結局、カメルーンは期待されながらも1次リーグで敗退してしまったが、日本につくのが遅れ調整に手間取ったことが原因のひとつなのだろう。なぜ予定どおり現れなかったかというと、うわさではパリで報酬や待遇に関する交渉をしていたという。サッカーチームにとって、交渉力がもっとも弱まるのは試合が終わってしまった後だから、出発前に交渉をしようというのは戦略的に正しいのだ。

## 7　第三者を利用したコミットメント

コミットメントを信頼できるものにするために、当事者とは別の第三者を利用すると効果があることが多い。先に述べたエージェント（アルバイト）を使った販売の例は次のように理解できる。商店主である私は、売れ残りの危機を迎えれば妥協してしまうのが買い手に見透かされてしまうので、値下げしないと宣言してもそれは信頼できるコミットメントではない。ところが、エージェントは、値下げをする権限を与えられていないために、値下げをしないということを信頼できる形で相手にコミットできるのである。

スポーツ選手の賃金交渉など、価格交渉をエージェントを使って行うのは、当人よりもエージェントが交渉の技術に長けているからと理解しがちである。しかし、右で見たようにエージェントはより強く価格にコミットできるので、それだけ交渉を有利にはこぶことができる。本人ではなくエージェントであるからこそ、コミットメントに支えられた強い交渉力を得られるのである。何らかの争議に巻き込まれたとき、アックなって自分で交渉するよりは第三者に頼んだほうがよいのは、単に第三者のほうが冷静に振る舞えることだけでなく、妥協しないというコミットメントの強化に役立つからだ。

日本の政治決断が遅いのはいまや世界の共通認識で、アメリカやEUからの外圧があってはじめて物事が動き出す例は実に数多い。しかし、コミットメントの戦略的利用を考えると、外圧はまたとない手段として利用できる。つまり、国内で国民に不評になるような政策は選挙が怖くてなかなかとれない。しかし、アメリカが高圧的に要求してきて仕方なくといえば、その問題は薄まる。これを戦略的に考えれば、国民に不評になるような政策をすることを政府がコミットすることはむずかしいが、外圧を利用すればそれが可能になりうるということである。

国民年金や不良債権問題はおそらくそのような問題の例である。政府は年金制度の改革をアナウンスしているものの、過去の改革がいずれも表面的なものにとどまっている経緯からして、これは到底信頼できるコミットメントになっていない。そのため、年金制度は改革されないと予想し、したがって国民年金の積み立てを拒否する若者が増え、それがいっそう年金制度の改革をむずかしくする悪循環に陥っている。不良債権問題にしても、大手銀行と政府の度重なる問題の収束宣言が結果的に裏切られる形となったため、政府の不良債権を最終処理するというコミットメントは信頼されていない。それが金融市場での不信感を増幅して問題を悪化させている。いずれの場合にしろ、政府がコミットメントを信頼できるものにしようとするならば、G7会合の共同宣言あたりに問題解決の青写真を具体的に盛り込んでもらったほうがよい。

## 8 自分にコミットする方法

将来の自分自身を他の相手と見立てて戦略的に行動をコミットするとは、自分で予定や目標を立てるということである。自分で立てた予定や目標を忠実に実行できることは、意志の強さと表現されるのが普通である。だとすれば、意志の強い人とは自分自身に対し、将来の行動を信頼できる形でコミットできる人ということだ。意志の強弱にかかわらず、誰しも目標をたてて何かしらの将来の行動をコミットするものであるから、意志の強さを反映しているのはそのコミットメントの信頼度なのである。

したがって、意志の強い人になりたいと思えば、自分に対するコミットメントを信頼に足るものにする工夫をすればよい。残念ながら、意志の強い人は世の中にそう多くないので、コミットメントの信頼度を増すには第三者を利用するのが定石であって、そのためにはお金がかかる。わざわざお金を払い自分の体をとりこにしてコミットメントの強度を強めてくれる断食道場のような商売が成立したり、お金を払えば元をとろうと勉強をするのではないかと信じて、英会話学校の会員になるなど、将来の自分に対するコミットメントのためにお金を払わざるを得なくなるのもその証拠の一部である。

かく言う私もこの原稿を書くのを引き受けたのは2001年の5月で、そのときこのような原稿はその年の夏休みにさらさら書いてしまう予定であった。その後、目標は同年11月、2002年の3月と変更されたが、それらの期日はとうに過ぎてしまった。私とてこのような本を書くぐらいだから、自分のホームページ上に目標と決意を書きつけ公開し、自分に対するコミットメントの信頼度を増す努力を怠ることはなかったのではあるが、いかんせんインターネット上で公言するだけでは信頼できるコミットメントたりえなかったわけだ。もっとも、中公新書のほうでホテルオークラに3食ワインつきのスイートルームを1ヶ月くらい用意してもらっていれば、気の弱い私は恐縮してコミットメントの強度は増大し、原稿はたちどころに仕上げていたであろう。

## 9　相手にコミットさせるには

これまでは自分が先んじてある行動にコミットして、戦略的環境を変えることを考えてきた。ジャンケンの例のように、そのようなコミットメントをすることは戦略的に不利になることがある。言い換えると、もし相手をそのような行動にコミットさせることができれば、それにより自分にとって有利な結果を導くことができる。ジャンケンならば、グーを出すことを相手にコミットさせることに成功すれば、こちらはパーを出して悠々と勝利を収めることができる。問題は、どれを出すかは相手の自由意志に任されているから、相手は自分自身が不利になるようなコミットメントをするわけがないことである。

人々が戦略的に行動する以上、いくら相手にある行動にコミットしてほしくとも、それがその当人の利害と一致しなくては、自発的にその行動にコミットすることは期待できない。しかし、ある行動にコミットしてもらうことが自分の利益にかなうならば、コミットするに十分なインセンティブを与えればよい。つまり、コミットしてもらう側が、コミットする側に何がしかの対価を支払うことによって、コミットメントが実現するのだ。われわれの社会経済の中で、そのような役割を担っているのは約束や契約という仕組みである。戦略的な言葉で言えば、契約とはコミットメントとそれに対するインセンティブを前もって規定しあう仕組みである。

継続して取引を行う場合に料金が安くなる例は多い。これはコミットメントという言葉を使うと次のように理解できる。継続して取引を行うということは、将来にわたって商品を買い取ることをコミットしてもらうことである。割引は、そのコミットメントのために相手に支払われる対価であると考えることができる。

大手スーパーマーケットが農家と専属契約を結ぶことによって、生鮮野菜を安価に仕入れるのもこの例である。野菜が安く手に入る部分が、スーパーが買取をコミットすることに対する対価である。一方、農家としても、スーパーに前もって買取をコミットしてもらうことによって、豊作になった場合の価格下落を逃れることができる。

長期にわたる契約を結ぶと料金が割安になる例も身のまわりに数多い。さまざまな会員料金は、長い期間分を一括して支払うと割引になる場合が多いが、これも割引部分は長期にわたって会員でありつづけることにコミットすることの対価になっているのである。

タクシーを予約して指定した場所に来てもらうと別料金がかかる。予約を受けるということは、タクシーは指定された時間に特定の場所に行くことをコミットするということで、このコミットメントにはその時間に他の客を拾う機会を失うというコストがある。別料金がかかるということは、機会を失う費用のほうがコミットして客を確実に拾えるという利益よりも大きいため、客は別料金を支払わないとコミットしてもらえないと考えられる。もっとも、これは規制の賜物という見方もあるが。

## 10　信頼の維持とコミットメント

信頼関係の形成には長期を要する。しかし、いったん信頼関係を打ち立ててしまえば、信頼関係のある相手に対するコミットメントは容易になる。言い換えれば、われわれが長期的な信頼関係の維持に興味をもつのは、戦略的なコミットメントを活用しやすくしたいからである。誰しも自分が信頼に足る人間かどうかの評判を維持したいと考えているが、それには戦略的な裏づけがあるのだ。

約束は守ってこそコミットメントの信頼度を維持できる。特に、子供はコミットメントの信頼度に敏感であるから、子供とした約束はどのような小さなことでも断じて守らなければならない。信頼されなければならない人は、守れない約束を絶対にしてはならないのである。

古代中国春秋時代の覇者である斉《せい》の国王であった桓公《かんこう》は、敵国の魯《ろ》との戦争に勝利したが、不覚にも和議の席で魯の将軍に脅され大幅に譲歩させられた。これを不満とした桓公が和議を破棄し再び魯に攻め入ろうとしたとき、「管鮑《かんぽう》の交わり」の逸話の題材である斉の宰相管仲《かんちゅう》は、不愉快なものであれ、和議を破るという事実が広まればこれ以後斉と和議を結ぼうとする国がなくなると諫《いさ》め、桓公もこれを受け入れた。また、異民族の侵入に苦しむ隣国の燕《えん》に救助のため出兵し、これを助けて帰国する際に、燕王は感謝の気持ちを表すため帰途桓公を送っていった。ところが斉の国境をこえて送らせたため、管仲は古来からの慣わしでは国境をこえて送らせることのできるのは天子だけであると諫めた。そこで桓公は自国の領土を燕に割譲して送らせてきた場所までを国境として、古来からの信義を守る王であることを誇示した。いにしえの国王は、コミットメントの信頼度を維持するためこのようなことまでやったらしい。

法律の中に後の裁量によって決定される部分が多くなると、それだけその法律が定めるルールへのコミットメントの信頼度が薄くなる。法律でいちいち細かいことまで決めるのはたいへんだから、大枠だけ決めておいてあとはその都度裁量的に制度を修正するという態度は現実的なようだが、コミットメントの効果を考えるとそうとはいえないのだ。

郵政事業法では、信書の集配業務は国のみが行うとしているが、信書がなにを指すのかは明確でないため、法律の解釈をめぐって旧郵政省と民間宅配便会社が対立していた。郵政改革をライフワークとする小泉首相が、信書の定義の見直しを指示して以来、「信書便法案」制定の議論が活発化した。しかし、潜在的な郵便事業参入の最右翼のヤマト運輸が、2002年4月26日付けで発表した見解は、信書便法案は「民間企業の一挙手一投足すべてを総務省が許認可するいわば『民間官業化法案』ともいえる内容」だとしている。その結論部分では、「誰もが納得できる形で『信書』の定義が明文化され、あるいは『信書』の概念が撤廃され、誰もが配送でき、公正な競争が促進され、結果としてお客様の利便性が向上されると考えます」と結んでいる。つまり、後になって信書が恣意的に解釈される余地を残しては、大きなコストを支払って参入することなどとてもできないというわけだ。言い換えると、参入を妨げる意図があるとしたら、信書の解釈を後から解釈する法律を作ったほうが効果的なのである。

企業が事業を起こすためには大きなコストがかかるため、十分長い期間ルールが変更されることはないと政府がコミットしなければ、新規の参入や研究開発のインセンティブをそぐことになり、経済全体に悪影響を及ぼす。特許制度は、開発した製品を独占的に販売する権利を開発者に与える制度であるから、一見すると独占を守る反競争的な制度のように見えるが、将来の独占利益が保証されるのでなければ開発の意欲は起こらない。発泡酒は酒税法の間隙をつくことで成功したのであるが、発泡酒に対する税率を上げようという議論がくすぶりつづけている。しかし、成功者を罰するかのごとくルールを変えるということは、それだけ政府のコミットメントの信頼度を失わせるということであり、将来新たな発見開発をしてビジネスをしようとする起業家たちの意欲をそぐことになるのだ。

さて、「お役所仕事」という言葉で代表されるように、公務員の仕事は杓子定規で融通がきかないと非難される。確かに、お客様へのサービスをするという感覚は希薄で、これはそうするためのインセンティブが少ないために他ならない。しかし、ルールにコミットするということは重要なことなのだ。融通がきくお役所ができるということは、ルールを作るという戦略的なコミットメント効果を放棄することになりかねない。要は、不都合が生じたときにはルール自体を変更することである。

あいつは話のわかるやつだといわれることで喜んでばかりはいられない。相手の都合にあわせて対処してくれる話のわかる人とは、自分の我を通すコミットメント戦略は使えない人である。戦略的関係にある相手からすると、これはたいへんありがたい。「都合のいい男」、「都合のいい女」とはよく言ったものである。

## 11 コミットメントの失敗とホールドアップ

あえてみずからの行動を縛る戦略的コミットメントを効果的に使うためには、将来の相手の行動を先読みすることが不可欠である。しかし、先読みはいつでも完全にできるわけではないし、将来には予期せぬ環境の変化によるリスクも伴うため、先読みの精度にはおのずから限界がある。よかれと考えてしたコミットメントが、後になってみると仇となってしまうことをホールドアップ（holdup）という。

ホールドアップの事例には事欠かない。物を買うということを戦略的に述べると、それを使うことにコミットしようとする行為であって、買うのではなかったと後悔するのはコミットメントが失敗してホールドアップにあったということである。住居の選択、学校の選択、またビジネスパートナーや生涯の伴侶の選択など、私たちには何かにコミットしなければならない環境は繰りかえし現れる。ここでその内容を詳細かつ具体的に記述することははばかられ私は多くを語らないが、読者にも思い当たる例は数多いはずだ。人生はホールドアップの可能性に満ちている。

将来の予測が完全にはできない以上、ホールドアップに直面する可能性は避けられない。戦略的意思決定において重要なのは、ホールドアップに直面する可能性をどう制御するかということである。コミットメントが弱ければホールドアップにあって損害を被る可能性は低くなるし、また仮にホールドアップにあったとしても、その損害は小さなものになるだろう。安売りになっていた野菜と果物を買い込んだはよいが、結局腐らせてしまうのもホールドアップの一例だが、損害はたいしたことはない。すでに代金を支払ってこの本を読んでいる読者も、結局期待はずれで後悔するかもしれないが、そもそも値段の高い本ではないし、最悪古本屋に持っていけばちり紙代の足しにはなる。ホールドアップとしては物が小さいのである。

したがって、ホールドアップが大問題になるのは、コミットメントをする際に、回収不能な大きなコストを負担せざるを得ない状況であることがわかる。たとえば、家具を買うかそれともリース会社から月ぎめの契約で借りるかという選択を考えてみよう。借りた場合には、ホールドアップが問題になる可能性は小さい。家具が気に入らなかったり、事情が変わって急に引っ越さなければならなくなったりしたとき、契約を解除すればそれまでだからだ。一方、家具を買い入れた場合はそうではないから、ホールドアップの可能性は高い。家具を売れば費用の一部は回収できるが、全額ではないであろう。先にあげた人生における大きなコミットメントが、ホールドアップの危険をはらむのも、コミットメント費用の回収がむずかしいからだ。

特殊な物を使いつづけることにコミットしないことがホールドアップの可能性を避けるテクニックである。家具の例で、買い入れる家具が特殊なものになればそれだけ転売はむずかしくなるから、回収不能なコミットメント費用は大きくなり、ホールドアップにあったときの損失が大きい。企業が減量経営で資産をなるべく所有せずリースで済ます戦略的背景には、ホールドアップにあう可能性を下げる意義があるのだ。企業が納入先や仕入先を1社に限っているとホールドアップにあう可能性が高い。製品コストの回収がそれ以外の会社からできないとすると、初期のコミットメントである投資費用の回収がむずかしくなるため、1社しかない納入先や仕入先が方針を変えて納入条件の再交渉を要求すると相手の条件をのまざるを得なくなる。

ホールドアップが将来の先読みの不備から生じることを思い出せば、情報収集がホールドアップ解消に役立つことは明らかであろう。先読みがきくようになってコミットメントの威力が発揮されるのであって、将来があまりに不確実で先読みがきかないときにはコミットメントは避けるべきである。若い男女は同棲でもなんでもやって相手の情報収集に努めるべきであって、いきなり大きなコミットメントをしてホールドアップにあう大きな危険を負担するのは戦略的に賢くない。しかし、ある程度情報収集が終了し、先読みがきくようになったにもかかわらずコミットメントがされる気配が生じなければ、それはコミットメントの価値が低いことの裏返しである。そんなときはさっさと別れるべきである。

ホールドアップは、コミットメントにかかる戦略的な費用を指したものといえる。コミットメントをする際には、ホールドアップの可能性も勘案して、適切な強さのコミットメントを考えるべきだ。しかし、ホールドアップの可能性はコミットメントの戦略的意義と効果を否定するものではない。特殊な製品を生産するのはホールドアップの可能性を高めるが、一方で他にはないものを製作していくことにコミットすることで市場価値は高まるはずだ。ホールドアップの危険性はあるものの、結婚してみることはそれほど悪くはないようだ。

## 携帯電話

私が大学生であった1980年代には，携帯電話を所持する学生は皆無であったといってよい．今の学生には，そのような時代にどのようにして健全な学生生活をおくることができたのか想像もつかないらしい．食事代を削ってでも携帯電話を維持するというのが現代学生気質である．

さてこの携帯電話は授業中によく鳴り出す．こちらが興に乗って話しているときに，電話の着メロが突然響き渡るのは非常に不愉快である．他の教員はどう対処しているのかと聞いてみると，それほど気にならないとおっしゃる方までいたので，一般にどのような対策がなされるのかよくはわからない．私の場合，携帯電話が鳴ったときには理由を問わずにその学生を即刻退場させることにしている．もちろん，退場させることにコミットしなければ着メロを撃退することはできないから，携帯電話が鳴ったら本当に退場させることでコミットメントの信頼度を維持しているのである．

このような努力の積み重ねのおかげか，私の授業中に電話が鳴り出すことはほとんどないのだが，実際のところは，これは学生たちの間の日中の通信手段が，電話をかけることから音を消去してメールのやり取りをすることに変化してきたためかもしれない．事実，教壇からはメールのやり取りをしている学生を数多く目撃できる．しかし考えようによっては，私の学生時代にはノートの端っこに書かれて手渡しで通信されていたメッセージが，ハイテク時代に適合する形状に変化したわけで，こちらのほうは注意もせずにやりたいようにやらせている．むしろ，授業が退屈だという彼らからのメッセージと受け止めるべきなのだろう．

# 第6章　ロック・イン

## 1　一度つかまえたら離さない

行動を変えるのに少なからぬ費用がかかるときには、具体的な利益インセンティブを与えつづけなくても、自分が有利になるように相手にコミットさせることが可能である。一度相手に自分の好みの行動をさせてしまえば、相手は費用のために行動を変えるインセンティブが減少してしまうからだ。行動を変えるのにかかる費用のことをスイッチング・コスト（switching cost）といい、それを利用して相手の行動を自分に有利になるような行動から変えられなくしてしまう戦略をロック・イン（lock in）戦略という。ロック・インとは動きがとれなくなるように囚われてしまうという意味である。

会員制で商品を売ったりサービスを提供するのは、ロック・イン戦略のひとつである。会員になるために入会金と月会費年会費を別に取るのには意味がある。会員の資格を失うと、再び会員になるためには入会金を支払う必要があるので、その分がスイッチング・コストになっている。航空会社のマイレージ・プログラムは、その航空会社を利用するとポイントがたまり、何らかのサービスと交換できる。いったんひとつの航空会社を利用しはじめると、ポイントを効率よく集めるためには他社のフライトは使いにくい。新規にプログラムに入った会員にボーナス・マイルと称して余計にポイントを与えるのは、それにより他社へのスイッチング・コストをいっそう大きくすることができ、ロック・インの効果を高めることができるからだ。

習慣性のある製品の場合、一度使いはじめると客はその製品から逃れるのがむずかしい。つまり、習慣性のある商品からのスイッチング・コストは高いので、ロック・イン戦略が有効になる。デパートの化粧品売り場で盛んに化粧品の試供品が無料で配られたり、独特のスープを売り物にする開店間もないラーメン店が、半額セールなどと銘打って、客を集めようとするのはその例である。商店や飲食店が、いったん抱え込んだ顧客をお得意様ないしは常連客として優遇するのも、ロック・イン戦略として機能している。他店に移るということに、現在の優遇される環境を失うというスイッチング・コストがかかるようにしようというわけだ。

携帯電話のａｕは学生のために学割料金を設定している。一度使い慣れた携帯電話から他社の機種に変更すると電話番号まで変更しなければならない。新しい電話番号を周知させるには手間と時間がかかるから、それがスイッチング・コストになっている。学割は、学生のうちから自社の携帯電話を使わせることで、このスイッチング・コストを利用して顧客をロック・インする戦略である。また、新規の加入者には携帯電話を安売りするのも、家族割引を導入して家族まるごと囲い込もうとするのも、スイッチング・コストを利用して顧客をとりこみロック・インすることをねらった戦略である。このロック・イン戦略を成功させるためには、すでに加入済みのユーザーが、いったん契約を解消したのち、すぐに新規に加入して安価な携帯電話を購入し、その後もとの電話番号に変更するという戦略にかかるコストを高めておかなければならない。この点を考えれば、電話番号変更の手数料が高くなるのには意味があるし、長期加入者に電話料金の割引を行うことで、いったん解約することのコストを高めるのも理にかなっていることがわかる。

コンピュータのソフトウエアにはアカデミック・プライスと称して学生向けに割安の価格を設定しているものがある。ソフトウエアはいったん使い慣れるとほかのものへの変更がむずかしい。これは、コンピュータをまさに使いはじめる年齢層をターゲットにしたロック・イン戦略であるといえる。ついでに言うと、大学の教員もこのアカデミック・プライスの恩恵にあずかることができる。これは企業が学問の興隆に貢献しようとしているのではかならずしもなく、教員は自分の慣れ親しんだソフトウエアを授業でも利用する確率が高く、そのため学生たちがそのソフトを利用するようになってロック・インされていく可能性が高いからである。

マイクロソフトのOSウインドウズは競合するOSに比べ性能の点で劣ると評価する人は数多い。しかしながら、マイクロソフトのOSが世界中で圧倒的なシェアを誇っているのもまた事実である。これはマイクロソフトがMS-DOSの時代から、自社OSをパソコンのメーカー各社に安価で提供し、多くの人々をロック・インしてきた結果である。

離婚をするには相当なエネルギーを必要とするから、それがスイッチング・コストになって人は結婚関係にロック・インされる。スイッチング・コストは子供がいる場合にはさらに大きくなるから、結婚したい人ができたらさっさと妊娠してしまうロック・イン戦略が古今東西利用されてきた所以である。恋人にペアのリングをつけさせたり、下宿に自分の洋服を常置したりするのも、相手が他人に興味を向けるときのスイッチング・コストを高め、ロック・インをたくらむ戦略であるといえよう。ただし、ロック・インに成功しても、その行動が自分にとって一生好ましいとは限らない。このようなロック・イン戦略は往々にして自分のスイッチング・コストも高めるので、細心の注意を払って運用しなければならない。

## 2　偶然なロック・イン

ロック・インはかならずしも誰かの戦略的意図により起こるのではない。われわれの習慣やしきたりの中には、歴史上の偶然から発生したとしか考えられないロック・インの現象も数多い。商品サービスの規格が決定された段階では、それ相応の理由があったわけであるが、その理由が失われてしまっても、いったん出来上がってしまった規格を変更するスイッチング・コストが大きいために、ロック・インが発生してしまうのである。

JRの在来線の線路幅は、欧米の標準軌より狭い。日本の鉄道に狭軌が採用されたのは、明治時代の鉄道技術がイギリスのものであったため、そのイギリスで採用されていた規格が持ち込まれたという説がある。どこに真理があるにせよ、後の時代になって起こった鉄道の高速化や建設用地取得の困難化を思えば、早い時期に線路幅を広げ標準軌に移行しておいたほうがわが国の鉄道の発展のためにはよかったに違いない。しかし、いったん鉄道の規格ができてそれが全国的に展開されはじめると、規格の変更の費用は膨大になってしまい、在来線の規格変更は実際問題として不可能であった。在来線と独立な線路を敷く新幹線の建設に至ってはじめて標準軌が採用できたのである。

コンピュータ入力用キーボードの文字キーの配列は有名な例である。そもそも英語用のキーボードであるから、日本語のローマ字入力をするときに左手の小指に無理な動きが生じるのは致し方ない。ところが、英語で入力する場合でも、現在のキーの配列は手の動きをもっとも無駄なくするようにはデザインされていないのである。これは、現在のキー配列がタイプライターから受け継がれたのが理由である。旧式のタイプライターは、ピアノのキーを押すとその反動で弦がたたかれるのと同様の仕組みで、キーに連動したレバーの先についた文字型を紙に打ちつけることで印字を行っていた。ところが、ピアノと異なり、どの文字型も文字を入力する同じ位置に打ちつけられなければ文章を印字できないから、どのキーを押しても対応する文字型は同じ位置をめがけて突進することになる。したがって、旧式のタイプライターがスムーズに機能するためには、一定のペースで文字が紙に打ちつけられることが重要であった。そのため、キーボードの配列は、早く打てるということを目的としてではなく、ペースを乱してキーが連打されるのを防ぐことを念頭にしてデザインされた。たとえば、使用頻度の高い「A」が右利きの人にとってはもっとも力の入りにくい左手小指の守備範囲に入っていたり、英語では続けて使う頻度の多い「D」と「E」が同じ指でカバーされるようにできているのはそのためである。コンピュータではそのようなことを心配する必要はないわけであるが、一度慣れ親しんでしまうと他の配列でタイプの練習をするのには大きなスイッチング・コストがかかるため、われわれは現在の配列にロック・インされてしまっているのである。

このような規格へのロック・インを支えるスイッチング・コストは時代とともに変化する。家庭用交流電流の周波数が富士川を境界にして東側で50Hz、西側で60Hzと異なるのも、わが国が植民地化されかかった不幸な歴史の産物といえる。東西日本で使用可能な家電製品が異なるという時代に富士川をこえて東西日本の間で引っ越しをするのは一大事業であった。ところが、現在の家電製品は両周波数に対応しているから、その心配はなくなった。わが国で使用される電気製品が両周波数対応になったあかつきには、東西日本で電流の周波数を統一するためのスイッチング・コストは微小なものになるため、将来わが国の交流電流の周波数は統一されていくかもしれない。

人が集まるところにはビジネスチャンスがある。秋葉原に電気屋が集まったり、原宿に洋服小物の店が増えたりしたのも、そこに多くの人が買物にやってくるのが理由だが、逆に店が集まることによっていっそう多くの人が集まる相乗作用がある。ところが、そもそもはじめになぜ秋葉原や原宿という土地に集まりはじめたのかというと、これは必然というよりはたまたまそのあたりに少し店がそろっていて、それが評判になったくらいの説明しかできない。しかし、いったんその場所のブランドが定着すると、他に移動することには大きなスイッチング・コストがかかるようになる。人を集めるためには、はじめのきっかけが大事なのである。

最近のブームでもあるインターネット・オークションであるが、現時点で日本語で利用できるインターネット・オークションのサイトのなかで圧倒的に利用者が多いのはヤフー（Yahoo! Japan http://www.yahoo.co.jp/）のオークションである。ヤフーのオークションのシステムが特段にすぐれているわけではない。実際のところ、オークションの本場アメリカで圧倒的な取引量をもつのは、オークション専門サイトのイーベイ（eBay）である。ヤフーのオークションも日本語のサイト以外では取引は多くなく、いくつかの国用のヤフーではオークションから撤退している。日本語ヤフーのオークションが隆盛をきわめているのも、ロック・インの効果が大きいのだ。オークションは参加者が多ければ多いほど、目当ての商品を探すのも便利になるし、売りたい商品は売れやすくなるため、参加者が増えはじめるときの相乗効果がある。日本語で利用できるサイトが少なかった時期に、はじめに利用者を集めたヤフーが先行したため、相乗効果が効いて人がそこに集まったのである。

ただ、インターネットの場合は秋葉原や原宿の店の場合と異なり、実際に物理的に店を動かすスイッチング・コストは高くないから、ロック・インの効果はそれほど大きくはないであろう。ヤフーのオークションやショッピング・サイトの楽天《らくてん》の優位がロック・インに支えられているとすれば、それはそれほど頑健なものではないはずだ。

## 3　ロック・インと情報

情報が少ないときにも、偶然のロック・インは起こりやすい。効果の不明ないくつかの選択肢のうちのひとつを選ばざるを得ない状況では、はじめに選ばれるものには特段の理由はなく、選ばれ方はほぼ偶然に近い。ところが、たまたま選択したものであっても、それを使い慣れてくるとその効果はしだいにわかってくる。そうなったときには、いまだ効果のはっきりしないその他の選択肢に行動を変更するのにはリスクがあるから、行動の変更へのインセンティブが薄れてしまうのである。

道路の渋滞に業を煮やしていると、数台前の車が突然左折をする。カーナビを備えているのか、それとも地元の車なのかわからないが、おそらくはわき道があることを知っているのではないかと予想して、こちらも左折して追随していく。同じ具合に後続の数台の車も同じ道を追走したりする。先頭の車が見事に渋滞の先へ迂回できればそのドライバーはヒーローになるわけだが、このようなときには往々にして最初の車が左折した理由は単なるドライバーの短気であったりするものだ。数台の車の一団はしばらくするうちに事態の深刻さに気づくのだが、いまさら元の道へ戻るのも馬鹿らしくなって、夜の田んぼの間をしばらく迷走することになる。

飲食店が開店したてのときにとにかく客に来てもらう努力をするのには、偶然のロック・インを味方につけるという戦略的意義がある。開店記念の割引券を各所で配っているのは偶然ではない。また行列のできている店で、自分も食べてみたいという欲求が起こるのは、追随して道に迷ってしまう車の状況とそう変わりはない。そのため、さくらを使ってでも店に人をあふれさせる戦略も有効になってくるのである。企業が新製品のコマーシャルの質や量にこだわるのも、偶然のロック・インを敵に回さない戦略の一部なのである。

このような情報の欠如からくるロック・インの効果を評価するのはむずかしい。もしその偶然が起こらず、はじめに他の行動を自分がしていたらという仮想状況との比較をすることが要求されるからだ。田んぼを迷走させられた車の運転手は腹を立てるであろうが、一方で渋滞にそのままいつづけたらどうなっていたのか知る由もないので、はたしてロック・インによってどれだけ自分が被害を被ったかどうかを判断するのはむずかしいところである。

人の出会いというのは不思議なものである。知り合った相手と「運命の糸で結ばれていた」と考えるのは、ロマンチックであっても戦略的思考の発想ではない。毎日違った人と知り合ったとしても、10年間で知り合えるのは高々4000人程度であるから、少し冷静になって考えてみれば、同年齢の異性に限っても100万人近くいるわが国で、たまたま知り合う相手というのは偶然の産物と結論せざるを得ない。「運命の糸」は、情報が少ないために生じる、相手を変えることにかかるスイッチング・コストを暗示したものと考えるのが順当であって、戦略的思考の立場から言いなおせば、偶然に知り合った相手と「運命の糸で結ばれてしまった」というのが正確な表現である。これだけの人がいる社会でどのような人と結婚するかは、歴史的偶然の役割が大きいロック・インであるはずだが、他の選択肢を少々試して、現在の選択肢を再評価するという戦略はあまり好意をもって受け入れられていないようだ。しかし、これに関しても情報量が大きくなれば、それだけスイッチング・コストは減少し、ロック・インの力も弱くなる。情報の氾濫と非婚・離婚の増加は無関係ではない。

2000年から2001年にかけてヨーロッパ、特にイギリスで大流行した口蹄疫《こうていえき》によって、肉の値段が高騰したことは記憶に新しい。口蹄疫は1914年に北アメリカでも大流行したのであるが、一説によるとこのときの口蹄疫の流行が、現在の自家用車にガソリンエンジンが搭載されるきっかけになったという。というのも、当時は蒸気エンジンも自家用車の動力として使われていたのだが、口蹄疫の流行を防ぐために馬用の水桶が撤去されてしまい、水道の普及が都市部にとどまっていた当時では、蒸気エンジンを搭載する車は動力源の水の補給を断たれてたいそう使いにくいものになってしまった。そのため、水を必要としないガソリンエンジンの研究開発が盛んに行われたというのである。現在でこそ、ガソリンエンジンは自動車の動力としては蒸気エンジンよりすぐれているが、もし歴史が別の道をたどり、蒸気エンジンの研究開発が主流であったとしたならば、現在知られているよりもはるかに効率のよい小型蒸気エンジンが開発され、ひょっとするとガソリンスタンドでガソリンと水を補給する世の中になっていたかもしれないのだ。

## 食文化のロック・イン

慣れ親しんだ食べ物から離れるのはむずかしい．

ロンドン経済大学のカフェテリアにはなかなかしゃれた自動コーヒー・メーカーがある．コーヒー豆が機械の上のほうにあって，ボタンを押すと適宜それが挽かれてドリップされるというものだ．その機械をよく見ると，ボタンのひとつに「インスタントコーヒー」と書いてある．せっかく豆を挽いていれてくれる優れものの機械なのに，なぜわざわざインスタントコーヒーをいれる機能を追加するのだろうか．これはイギリス人の中にはインスタントコーヒーの味に慣れ親しんでいて，本格的なコーヒーの味と香りに違和感を感じる人が結構いるからだそうだ．この国の人の味覚は，何度訪れてもよくわからない．

食の都香港の人々は麺が大好きで，安い食堂の半分は麺類の店だといってもよいであろう．注文すると鮮やかな手つきで麺をゆで，たちどころに持ってきてくれる．香港では海老のワンタンを名物にする店が多く，ワンタンメンはたいへん美味である．そのような麺の店に，なぜかインスタントラーメンがある．誇らしげに「出前一丁」と注釈しているところまであるから，日本ブランドが上物と考えられているのであろう．注文すると，袋から出して丼に入れてあるインスタント麺の上に具をのせ，手早く熱いお湯を注いで，はいどうぞと持ってくる．しかし，このような店でなぜわざわざインスタント麺を注文する必要があるのかは理解に苦しむ．これは，香港人が家庭で食事を手軽に済ますときにはインスタントラーメンを食べるのが一般的で，それが子供の頃から身に染みついていて，麺専門の食堂に行ってもつい慣れ親しんだインスタントラーメンを食べたいと思う人が結構いるためらしい．

# 第7章　シグナリング

## 1　自分の気持ちを効果的に伝える

商品を販売する場合、相手にあった品物を薦めるのが基本である。男性に、婦人用の洋服を薦めるのは、多くの場合意味をなさない。たいていの女性は、人気ゲーム、ファイナル・ファンタジーの攻略本のすばらしさを説明されるよりは、宝石売り場の場所を教えてもらうほうが有益だと感じるであろう。少し下腹の出てきた中年男性には、ラーメンの大食い大会よりは、きれいな女性インストラクターのそろったスポーツ・ジムを薦めてあげたほうが効果がある。私は老若男女かなり広い範囲の人に読まれることを前提としてこの本を書いているが、小学生にはこの本よりは宮沢賢治の童話を読ませたほうがよいであろう。

このように、相手の姿かたちを観察することによって、相手の欲しがるものを察して、販売に役立てることのできる機会は数多いし、われわれの生活のなかでも日常的に起こることである。しかし、性別や年齢、姿かたちで表されている買い手の趣味は、買い手にすでに備わってしまっているものである。相手に自分の趣味嗜好を伝える合図にあたる性別や年齢容姿は、かならずしも戦略的に選ばれているわけではない。

ところが、場合によっては、戦略的に相手にシグナル（合図）を送り、それによって自分の立場をより好ましいものにしようとする戦略的行動が効果をもつ。そのような戦略的行動をシグナリング（signaling）という。そのような戦略的シグナリングの例は、日常的に観察されているものに数多くあるのだが、それらの例においてシグナリングの効果が、なぜ、どのように、現れているのかを深く考えるためには、戦略的思考が必要である。

## 2　シグナルが効果を発揮する理由

香港の下町にある「重慶マンション」は、得体の知れない店がいっぱい詰まっているコクのある場所ではあるが、ここの客引きがうるさいのには閉口する。日本人と見るや擦り寄ってきて、時計や宝石をはじめとして、日本の家電製品のコピー品や海賊版ＤＶＤソフトなど、少なくとも日本に持ち込むのは非合法であろうと思われる物品を売りつけようとする。こちらが少しでも立ち止まって興味を示すと、彼らはそれこそ全知全能を使って、この品物がいかにお買い得であるかを説明しはじめる。これは日本で売られているものと同じ品質で、日本でそれを買えば倍の値段はするなどという具合だ。言い換えると、「お買い得である」という言葉のシグナルを、買い手に意図的に送りつけているわけである。

もちろん、こんなところで時計や宝石なんぞ買ってはならないわけだが、その理由のひとつは彼らが取り出す品物が、彼らの説明するとおりの品質をもつお買い得の品物であるかどうかがわからないためである。そもそも、自分の扱っている品物が悪いと宣伝する売り手がいるはずがないから、自分の品物がよいというセールストークを信頼するのは賢明ではない。品物がよい、お買い得であるという言葉だけでは、彼らの売っている品物の真の性質は何もわからないはずだ。

つまり、シグナルを意図的に出せばそれがかならず誰にでも効果をもつというものではない。これを戦略的思考の言葉を使って言い換えると、自分の品物がすぐれているという宣伝文句自体は、売り手が本当によいものを引き渡すというコミットメントになっていない、ということになる。相手にシグナルを送る戦略的理由は、自分がある行動にコミットしている、あるいはコミットしたいということを、相手に納得させたいからだ。売り手の場合は、自分の扱う商品の品質の高さにコミットしたいのである。

画期的な電気製品を開発した会社を考えよう。会社が実験を重ね、その新製品のすばらしさを実証しているとしても、その新製品を売り込むことはかならずしも容易ではない。なぜなら、新製品のすばらしさは、会社にはすでに証明された事実であるかもしれないが、買い手にとってはそうではない。仮に新製品が会社の主張する機能をもっていたとしても、実際に使用するまではそれが買い手にとって本当に価格以上に使用価値があり、買ってよかったと満足できるかどうかは、買い手にはわからない場合のほうが多いであろう。事実、画期的な方法や製品は毎日のように生まれてはいるが、本当にすべてが買い手にとって価値のあるものではない。新しいデザインの服は毎年のように生まれるが、実際に着てみないと真の満足度はわかるものではない。また、絶対究極の株の売買必勝法が、これまでいくつ生まれてきたであろうか。買い手は、画期的な方法がかならずしも画期的でないこと、そして仮にそれが画期的であっても、自分には本当は必要でないものである可能性があることを知っているのである。そのような不確実性は、買い手に買うことを躊躇させるであろう。

もしその製品が本当に買い手にとって価値のあるものであれば、会社はその品質を保証する、すなわち今から取引する新製品が宣伝どおりの高品質をもっているということに直接コミットできれば、問題は解決するはずである。ところが、製品のすばらしさを知っているのは開発者だけなので、直接にコミットすることはできない。こういう状況で有効なのは、たとえば新製品の返品を認めることである。返品できるということは、自分が気に入らなかった場合に対する保険がかかっているということである。これを買い手の立場から見ると保険のかかった分の付加価値だけ、実質的に値下げが行われたことになるから、買うことに対するインセンティブが強くなる。しかし、戦略的な観点からより重要なのはシグナリングの効果だ。返品を認めるということは、もし新製品の品質に問題があれば多大なコストを引き受けるということである。それにもかかわらず返品を認めるのは、新製品の品質への自信の裏づけのあらわれに他ならない。単に新製品のすばらしさを述べるだけでは相手に対する信頼できるコミットメントにならないかもしれないが、返品を認めるというシグナルを送ることで、新製品の品質が高いことへのコミットメントを強くする効果があるのだ。

私がアメリカ暮らしをしたとき、商店が驚くほど返品に対して寛容であることに感心した。洋服などもレシートがあれば理由も聞かずにすぐに返品を受けつけ、お金を返してくれる。店で試着しただけでは自分がもっているほかの洋服やバッグなどと調和するかどうかはっきりしないから、返品を受けつけてくれるというと安心して買えることは確かである。この場合も、返品を受け入れるということが、買い手に対して安心感を与えるシグナリングの効果をもっているのである。しかし一方で、とりあえず大量に買いあさり、翌週になると大量に返品する人も珍しくないし、買ったドレスをパーティーで一度着て、その後で平気で返品するようなつわものまでいたから、こんなに返品を受けつけていては商売にならぬだろうと当時は思ったものである。後に見るように、そのような不届きな客がいても、返品受けつけをするメリットはあるのだ。

コミットメントの戦略的効果はすでに論じたが、コミットメントが十分信頼できるものでなければ効果は薄いことを思い出してもらいたい。つまり、戦略的なシグナリングとは、直接コミットメントをすることができないときに、間接的なシグナルを使って、信頼できる形で相手に自分のコミットメントを伝えようとする行為なのである。

## 3　効果のあるシグナル

シグナルが戦略的な効果を発揮するための原則には、大きく分けて2つある。

まず第一に、シグナルは、自分の行動をコミットしたい当の相手にはっきりと認識可能でなければならない。相手が観察してそれが何らかのシグナルであるかどうか識別できないものに意味をこめることはできないからだ。

女性が髪を切るのは男性への何らかのシグナルという意図がある場合があるらしいが、何十センチもある髪が数センチ短くなったのに気づく男性はそう多くない。送り手がシグナルになると信じていても、肝心の相手にそれが認知できないのでは仕方がない。髪を切るのをシグナルに使いたい場合には、映画「ローマの休日」（1953年）のオードリー・ヘプバーンのようにばっさりやらなくては意味がない。自分の不明を男性の鈍感さに帰してはならない。

せっかく返品を認めるという戦略的解決法を見つけても、それを買い手にはっきり宣伝しなければ意味がない。返品を認めることを自社製品の優秀性を表すシグナルとして使うのであれば、返品の可能性を契約書に明記し、相手の注意を喚起しておくべきである。商店にしても、返品に関するルールを客によく見えるところに大書し、レシートにその旨記載すべきである。

国やあるいは信頼できる団体が認定する資格や試験の成績も、相手に認知されるシグナルの一例である。いくら英語力があっても、それを雇用先や志望する大学・大学院に知らせるのは容易ではない。何らかの合図を送る、ということだけに限って言えば、たとえば自分のスピーチを録音して送りつけてもよいはずだが、それは受け取られても本人の英語力に関するシグナルとは認知されないかもしれない。

消費者の食へのこだわりに対応すべく、店で出す食事や飲み物の原材料が無農薬生産でつくられていることや、生産地や調理法にこだわりがあることをアピールする飲食店は多い。こういう店ではそれらの材料の健康への効果などをパンフレットにしたり壁に掲示したりしてアピールにつとめる形でシグナルを出している。皮肉なのは、壁にあるアピール用のポスターのまん前でタバコをふかしている人がいたりすることで、これではせっかくのポスターも健康へのこだわりに対するシグナルなのかどうかわからない。

第二に、シグナルが戦略的効果を発揮するためには、シグナルを発生させるのにコストがかからなくてはならない。コストのかからないシグナルを受け取っても、それが背後にある真の情報とシグナルの出し手のコミットメントを知らせているものなのか、それともコストがかからないのでとりあえず発せられているかの区別ができない。そのため、シグナルの出し手が本当にシグナルの表すとおりの行動にコミットしていたとしても、それは受け手にはかならずしも信頼されない。したがって、信頼されないコミットメントが戦略的効果を発揮しないのと同じ理由で、コストのかからないシグナルにはコミットメントの効果は期待できない。逆にいうと、シグナルの受け手が、シグナルを信頼できるコミットメントと解釈するためには、シグナルを発するのに何らかの費用がかかっていなければならないのである。戦略的思考をしている人々の間では、観察され認知されるものが何でもシグナルに役立つわけではない。

先に述べた重慶マンションの物売りの場合、彼らのセールストークは相手にもはっきり観察される。しかし、シグナルの送り手が意図するように、買い手のほうが品物がよいものだと信じる保証はない。たとえ、売り手が本当にお買い得な商品を取り扱っていたとしてもである。

似たような例で、大学の研究室にいると、東京の何某という会社だが、耳寄りなマンション経営のお話を、先生にそっと教えましょうといったたぐいの電話が週に1回くらいのペースでかかってくる。電話をかけてきて、耳寄りでないマンション経営を勧める人はいないはずだから、これをそのまま真に受けるのはよっぽどのお人よしに違いない。もっとも、これほど頻繁にかかってくるところをみると、結構話に乗る先生も多いのかもしれない。

男性が女性の容姿服装を誉めるのも、戦略的にはこれらと同様なはずである。面と向かって相手が醜いと言うはずもないから、物売りが自分の売り物の自慢をしているのに戦略的環境は近い。したがって、その言葉自体が意図する肝心のコミットメントの効果は薄いはずなのである。ところが、この戦略が結構頻繁に効果をあげるところをみるに、女性には戦略的思考が欠けていると結論せざるを得ない。しかし、男性の場合はさらにひどくて、少し女性におだてられると単に喜ぶだけにとどまらず食事代でも洋服代でもなんでも支払ってしまうから、戦略的思考以前の問題で話にならない。なぜ女性がそんなことを言うのかを戦略的に考えることのできる男性がもう少し多ければ、世の中はずっと違ったものになっていたはずである。

## 4 あえて費用をかけるシグナル

シグナルの送り手の立場からすると、コミットメントの効果を高めるためには、費用のかかるシグナルを用いなければならない。このことから、あえて適切なコストがかかるシグナルを用いることで、コミットメントの効果が増大すると期待できることがわかる。

男性が女性に思いを告げるという行為は、戦略的にいえば、その女性を慕う気持ちを相手にコミットすべくシグナリングを行うということである。この場合、言葉だけではなく花束などを添えると効果があるのは、言葉にはコストがかからないのでコミットメントの効果は薄いものの、花束には現実的な費用がかかるからシグナルとしての戦略的効果をもつからである。女性が花束を喜ぶのは緻密なコスト感覚をもってシグナルの意図を読み取る戦略的思考の結果なのであって、かならずしも花を本質的に好きなのではない。使われる花束は豪華なほうがそれだけ効果があるのがその証拠で、これは花束にかけるコストがコミットメントの強さを反映するからに他ならない。もっとも、これはシグナルがコミットメントとして役立つかどうかの議論であることを忘れてはならない。女性が慕われることを喜ぶかどうかは、たいていはその男性の資質に依存するから、花束で男性のコミットメントがしっかりと伝わったとしても、それがただちにハッピーエンドにつながるわけではない。むずかしいものだ。

企業が大都市に本社あるいは営業所をおきたいと願う背景には、シグナリングの効果もある。大都市周辺に営業所を構えるには、多大な費用を要する。それだけの費用のかかるところに出店しているのは、自社の製品・サービスに自信があるということを示す信頼できるシグナルになりうるからである。

先のマンション経営の例でいえば、セールストークの一部として、「当社は東京の渋谷にありまして……」といった言葉が使われる。会社を家賃の高い渋谷にもっていることを示すことで、会社が本当の商売をしているということをシグナルしたいというわけだ。残念ながら、マンション経営の場合の問題点は、電話では会社が本当に渋谷にあるか確かめられないことと、仮に会社が渋谷にあり正当な営業をしていても、そもそも電話をかけてきた本人がその会社の人間だと確認できる手段に乏しい点にある。また、世の中には秘書代行業というものがある。これを営む会社と契約すると、電話で代わりに応対してくれるのをはじめ、郵便の受け取りまでしてくれるから、渋谷の一等地の住所を会社の「本当の」住所にすることも簡単にできる。また、頼めばその住所と電話番号を入れたロゴ入りの名刺まで作ってくれるのである。そのあたりの事情を知っている人に対しては、単に渋谷にオフィスがあるとロゴ入りの名刺まで出しても、コミットメントには役立たない。

新聞、テレビなどのメディアを通じて広告をする意義は、単に製品情報を消費者に知らせるだけにとどまらない。広告やコマーシャルによって、製品の品質へのコミットメントの度合いが現れることに注意しなければならない。試行錯誤の段階の製品を、大々的に宣伝して不具合が発覚した場合は目も当てられない。消費者はそう感じているからこそ、金のかかったテレビのコマーシャルで宣伝された商品により信頼感を抱くのである。いかにも安っぽいつくりのコマーシャルをテレビで見たとき、どう感じるかを思い出してみてほしい。シグナリングの効果を考えれば、よく知られているはずの大企業が、繰りかえし自社の宣伝を流すことにも戦略的意義があることが理解できる。40年前ならばいざ知らず、いまやソニーの名前を知らない人を探すことは至難の業である。それにもかかわらず、各種の媒体を通じて、ソニーの名前は宣伝されつづけているし、これからも品質の高いコマーシャルを流しつづけるであろう。

やり手のセールスマンは、かならずしも自分の売り込もうとする品物を相手に買わせるようなそぶりを見せない。彼らのセールスは、販売をしているというよりは、買い手の世間話や愚痴に付き合っているというように傍からは見える。しかし、これは戦略的に理由のあることなのである。自分が取り扱っている品物が買い手の気に入らないだろうとセールスマンが主張するはずがないから、きっと気に入るから買ってくださいとセールスマンが強く主張しても、それにはシグナリングの効果が薄い。たとえば新車のセールスの場合、いまや新車の品質に疑念をもつ人はほとんどいないであろう。したがって、買い手の関心は、新車の品質ではなく、その車が自分の運転の仕方に合っているかどうかや、その車が自分の生活スタイルにいかに適合するかにあるが、これはかりはしばらく使ってみないとわからない。売り手が買い手に送るべき情報は、その新車が買い手のニーズにあうものだということである。そのための信頼できるシグナルとは、売り手が買い手の生活パターンを熟知しているということ、そしてそのために売り手が時間と費用を惜しまず調べていることを示すものであろう。そのようなコストがかかっていることを感じてこそ、買い手はセールストークを信頼しはじめる。やり手のセールスマンは世間話の中でそのようなシグナルを巧妙に発しているのである。

婦人服売り場の店員によくお似合いになりますといわれても、たいていの女性は話半分に聞いていて、次から次へと服を取り替えてあきれるほどの数の服を試着する。これは、お似合いになりますというのが、本当に似合うということのシグナルになっていないことを、女性は戦略的に感じ取っているからである。この場合、店員がターゲットにすべきは本人ではなくて、いっしょについてくる友人や配偶者であるはずで、その人々に対し惜しまず労力を費やすべきだ。それは、普段その女性を見ている人に、似合っていると無理なく言わせることのほうがより強いシグナリングの効果があるはずだからだ。

中古車の売買において、買い手にとっては、年式と走行距離程度しか中古車の品質に関する情報はない。ところが売り手はより多くの情報をもっている。売り手がそれまで運転をしてきた持ち主自身であれば、走行状態についてかなり詳しい知識をもっているであろう。下取りで買い取った車を転売するディーラーにしても、前の持ち主に関する情報、また何よりも経験から車の状態がどうなっているか、一般の買い手よりははるかによく知っているはずである。もちろん、買い手に車の品質に問題がないことを信頼してもらえれば、それだけ販売できる可能性が高まる。この場合、ある一定期間の無料修理の保証をつけることにシグナリングの効果が期待できる。もし車の品質が悪いと、無料修理の保証には大きなコストがかかるからである。

家庭にパソコンが普及しはじめて久しいが、新品のパソコンの販売競争は激化の一途をたどっている。そこで、ソフマップやヤマダ電機など、大手のパソコン家電量販店が中古のパソコンの買取と販売をしだいに強化している。パソコンの新品の利益率が5％程度なのに比べ、中古取引の場合は、買取と販売価格の差は20％を超える。修理整備のコストを考慮しても10％以上の利益率があると推定されるため、量販店が中古パソコン取引に力を入れるのは当然のことといえる。中古パソコンの場合にしても、不具合の情報は製品の買い手にとってはすぐにはわからない。それらの量販店では、買取後一定の期間内ならば返品交換を認めているのが通例である。これにも中古車の例と同様なシグナリングの効果があり、シグナルが有効に働いている例である。返品を認めると、実際に返品をされた場合にそれを処理する必要が生じるから、このシグナルにより追加的にコストはかかる。しかし、品質を買い手にコミットするのがむずかしい中古パソコンであるからこそ、返品に応じるというコストのかかるシグナルを使って品質にコミットすることで、付加価値を高めることができるのだ。品質へのコミットメントがよりやさしい新品パソコンに比べて高い利益率を維持できるのには戦略的な理由もあるのである。

このように、コストのかかるシグナルは確かに戦略的効果を発揮しやすい。しかし、費用がかかるシグナルがいつでも相手に正しく解釈され、シグナルの送り手の意図を成就させることができるとは限らない。小さな男の子が女の子をいじめるのは、彼がその子に興味をもっていることのシグナルである場合が多い。実際、いじめたりすると親や先生におこられたりして、その意味での費用がかかることはおびただしく、相手の女の子もおこられているのを観測できるから、シグナルとしての条件は満たしているのだが、このシグナルはしばしば女の子のほうには好意をもって解釈されない。

また、費用をかけること自体は損失であるから、シグナルから得られる利益とコストをバランスするような、適切なレベルのシグナルを選択するべきことにも注意を払う必要がある。中古車に無料修理の保証をつけるのは、各所で見られる慣行であるが、返品まで認める場合はまれである。この場合も、返品を認めるほうがコミットメントをいっそう強化するはずだが、返品を認めてしまうと、車の品質にかかわらず、ある程度乗った後で返品されてしまう危険性がある。したがって、修理はするが返品を認めないというシグナルは、返品を認めるというシグナルのコストが、コミットメントからくる利益に比べて高すぎるからと説明できる。契約の解約の場合でも、利用期間を定めずにどれだけ利用した後でも解約を無条件で認めるほうがサービスの質へのコミットメントの効果は高まる。一方で、利用するだけ利用して解約するという行動からくるコストは計り知れないものになろうから、ある程度の期間を区切ってその期間内でのみ解約を無条件で認めるという形にして、費用とコミットメントからくる便益のバランスをとる必要があるのだ。

男性から女性に話を持ちかける場合も、とりあえずは花束とか夕食くらいのシグナルを用いるのが適当であって、いきなりティファニーのリングなどプレゼントするのは考えものである。なんでも強くコミットすればよいというものではないし、あまりにコストをかけると妙な下心があるのではないかと疑われ、かえってシグナルの意図が伝わらなくなる。この種のシグナリングには細心の注意が必要である。

## 5　シグナルの相対的コストとその効果

シグナルにはコストがかからないと信頼されるコミットメントにつながらない。しかし、コストのかかるシグナルを用いるということだけが、シグナリングの要点ではない。コミットメントをしている場合とそうでない場合に、同じシグナルを発生させるのにかかる相対的なコスト差がどのように認識されているのかが本質的に重要である。もしシグナルの受け手が、品質にコミットメントをしていない者にとってはそのシグナルを送るのには多大なコストがかかったはずだと推論してくれるのならば、そのようなシグナルは絶対的なコストが低くても大きな効果を発揮するのである。

たとえば、同じシグナルでも、品質の高い商品を販売する人にはたやすく出せるが、品質の悪い商品を売る者にはコストが相対的に多くかかるとしよう。シグナルの受け手は、シグナルを見ただけではそれが品質に関する真の情報を伝えているかどうかはわからない。しかし、相対的なコストに大きな差があれば、シグナルの受け手は次のように推論するだろう。もしこれが品質の低い商品を売りつけようとする者から発せられていたとするならば、そのシグナルを送るのには多大なコストがかかったはずだ。そこまでしてシグナルを出すであろうか。言い換えれば、シグナルを出している以上、それはそのシグナルを出すコストが相対的に小さいはずだ。つまり、シグナルは品質の高い製品を意味するに違いない。

品質の悪い車を売り払おうとする売り手にとって、無料で修理をすることには多大な費用がかかるであろう。一方で、品質の高い車を売る売り手が、実際に修理をする羽目になる可能性は小さい。言い換えれば、無料修理を進んで保証する中古車の売り手は、修理を保証するというシグナルを出すための絶対的なコストはあまりかからないのである。コストがかからないにもかかわらず買い手が無料修理の保証による品質へのコミットメントを信頼するのは、もし品質が悪ければ修理費用がかさみシグナルを出す実質のコストは非常に高いはずだから、保証をつける以上品質は高いに違いないと推論できるからである。量販店で売られる、修理保証つき中古パソコンに安心感があることにも、同様の理由がある。

企業のブランドイメージが信頼されるシグナルになるのは、品質の劣る商品を扱う企業にとってはそのようなブランドイメージを、長期間にわたって維持できないはずだからである。つまり、品質の劣る商品を扱う企業にとって、ブランドイメージというシグナルを出すためには多大なコストがかかるためだ。

有名な雑誌に広告が出ている企業であるからといって、すぐさま信用はできない。確かに、雑誌に広告を出すにはコストがかかるから、シグナルにコストはかかっている。しかし、それが信頼できるかどうかは、相対的コスト差の問題だ。つまり、たとえば詐欺を目的とする実体のない会社にとって、その広告を出すことに負担しきれないほどのコストがかかるかということをまず確認しなければならないのである。雑誌広告を一度や二度出すための費用は大きくない。しかし、実体のない会社にとっては、営業を続けて広告を出しつづけることには大きなコストがかかる。

ムーディーズやスタンダード・アンド・プアーズなどの格付け会社から、企業が財務格付けを受けるためには、書類の公開はもとより、格付け会社に格付けのための多大な手数料まで支払わなければならない。しかし、財務内容の悪い会社には、財務格付けを受けることは自社の劣化した財務内容が公開されることを意味するから、格付けにかかる実質的コストは財務内容

### シグナルのタイミング

かつてアメリカで経験したことだが，1学期の講義が終わる頃にかならず何人かの学生がオフィスにやってきて，自分が私の講義からいかに多くを学んだか，自分がどれほど講義を楽しんだかを述べたものである．表面的には喜ばしいことであるが，戦略的に考えるとそう喜んでもいられない．日本の大学と違い，アメリカの学生にとって成績の良し悪しは，自分のもらえる奨学金や将来の就職，そして何よりも自分への投資を行っている両親に対しての面目に大きく影響を与えるからだ．

したがって，彼らがやってきて，そのような賛辞を述べるタイミングが非常に重要である．成績が確定した後であれば，わざわざこちらの研究室まで足を運ぶというコストをかけてまで発せられた私へのシグナルの内容は信頼できるかもしれない．しかし，成績の確定以前に（たとえば期末試験の前に）発せられたとすると，とても額面どおりに信じるわけにはいかない．オフィスにくる物理的コストは，試験前と後でそれほど変わるわけではないが，私が成績をつけてしまった後でオフィスに足を運ぶ実質的なコストは上昇しているのだ．

同じ理由で，直接の利害関係がなくなった卒業生がたずねてくるのはとてもうれしいものだ．

のよい企業に比べ相対的にはるかに高くなるため、格付けがシグナルとして機能するのだ。この場合、格付け会社が受け取る手数料は、財務の健全さを示すシグナルにかかる絶対的費用といえる。

## 6　シグナリングの数値例

これまで述べてきた信頼できるシグナリングとコストの関係は、次の簡単な状況を考えるとより深く理解できる。いま、買い手が定価7000円のある商品を売り手から買うかどうか決めようとしている。商品は売り手にとっては価値はない。買い手にとっては、もし商品が本物であれば1万円の価値があり、贋物ならばまったく価値はないものとしよう。ここでは仮に本物と贋物と呼ぶが、買い手に合っているものを本物、合わないものを贋物と解釈してもよい。商品の質は売り手にはわかるが、買い手には見ただけではまったくわからず、購入後数日使用してみてはじめて本物であるかどうかがわかる。買い手は商品が贋物である可能性を予期していて、商品が本物であるか贋物であるかは半々の確率であると見積もっている。価格に関して交渉はできないため、買い手は売り手がもつ商品を買うかどうかの決定だけをする。

もし、商品が本物であれば、それを買えば1万円と定価の7000円の差額3000円分が儲かる計算になるので、買い手は商品を買うべきである。一方、贋物の場合は無価値であるから、買えば定価の7000円がまるまる損害となるので、買うべきではない。しかし、買い手には品質がわからない。さて、買い手はこの商品を買うべきだろうか。

答えはNOである。商品の品質を自分で確かめられない以上、1万円か無価値かの平均を考えて、商品の価値は5000円程度だと考えるべきである。一方支払うべき価格は定価の7000円だから、買ってしまうと平均的に損をすることになるためだ。

一方、売り手が品質にコミットできれば、仮にそれに費用がかかっても、売買は成立する。たとえば、売り手は1000円のコストをかければ、信頼できる第三者によって、自分の取引する商品の品質を証明することができるとしよう。この場合、本物の商品の売り手は、品質証明をすべきである。1000円の費用をかけても、品質を証明すれば買い手は買ってくれるため、7000円の売上が手に入るからである。

品質証明にかかるコストは直接価値を生み出さないため、経済的損失ではあるが、品質証明をしない限り買い手は買ってくれない。もし売り手が贋物を売ろうとしているならば、1000円のコストをかけて商品が贋物であることを証明するわけがない。したがって、品質証明がない商品に対しては、買い手は少なくとも確率0・5で品物は贋物だと判断するであろう。すると、商品の質を確かめられない場合と同じ理由で、買い手は商品を買わないはずだからである。この場合、品質保証というコストのかかるシグナルを戦略的に用いることによって、本物の売り手は利益を得ることができるのである。

品質を直接証明できなくても、効果のあるシグナリングを行うことはできる。たとえば、売り手は商品をよりよく見せるための宣伝をすることができるとしよう。商品が本物であれば、宣伝にはさほど苦労はしないため、かかる費用は1000円であるが、贋物をよく見せるためには8000円の費用がかかることがわかっているとしよう。この場合も、贋物の売り手は、宣伝をしてしまえば売れても値段は7000円なので儲からないから宣伝はせず、本物の売り手は宣伝をして、買い手はそれを信じて商品を購入する。贋物の売り手が宣伝をしない以上、本物の売り手が宣伝をして1000円のコストを被るのは経済的損失ではあるのだが、品質保証の場合と同じ理屈で、宣伝をしなければ買い手は買ってくれないので、これは必要なコストなのである。

返品を認めるというシグナルを使うと、この経済的損失は劇的に減少する可能性がある。たとえば商品が返品されたときには、代金の7000円を返却しなければならないだけでなく、商品を再加工して再び売れる状態にするまでに費用が1000円かかるとしよう。仮に贋物を売りつけることに成功しても、数日後には確実に返品され結局は差し引き1000円の費用を被るため、贋物の売り手は返品を受けつけることはできない。したがって、買い手は返品が認められている場合には、商品は本物であると推論できるから、返品が受けつけられるのであれば、商品は本物であるとみなして買うことになる。本物の売り手は返品を受けつけることをコミットしても、実際には買い手は本物は返品しないので、返品を認めるというシグナルは本物の売り手にとって、まったくコストはかからないのである。

返品を許すことにこのようなすぐれたシグナリングの効果があることを思えば、世の男性は結婚を申し込むそのときに、女性がいつでも離婚をすることができることを明確に保証すべきである。意中の男性に、私は絶対に別れないなどと宣言するのは戦略的見地からして賢明なシグナルとはいえない。お見合いの世話をした場合には、自分が仲人をする以上は絶対に離婚は許さないなどと間違っても匂わせてはならない。そのようなことをいわれて、自分の受け取らんとする商品の品質に疑いを抱かないのは、相当に鈍い人物だけであろう。

品質がすぐに判明する場合は、返品を認めるというシグナルは上述のように大きな効果を発揮するが、品質が判明するまでに時間がかかる場合には問題がある。極端な場合、品質が判明するのに数年という時間がかかる場合には、いざ返品しようとしても、肝心の売り手はいなくなっているかもしれないし、品質が判明する以前に取りかえしのつかない損害を受けてしまうかもしれない。そのような状況であるとすると、贋物の売り手も喜んで返品を認めるであろう。したがって、返品を認めるというシグナルからは、仮にそのシグナルの出し手が本物を扱っていたとしても、もはや品質をコミットする効果は失われてしまうのである。離婚を積極的に保証する人があまりいないのも、対象になる商品の特殊性からくるこのあたりの事情が関係しているのかもしれない。

## 7　返品受けつけの原則

品質が悪いことがすぐにわかっても、買い手がかならずしもそれを証明できない場合には、返品を受けつける戦略のシグナリングの効果には注意が必要である。メーカーの立場からすると、自社製品が宣伝どおりに機能しているにもかかわらず、消費者の気まぐれや非常識が原因で返品されるのを避けるため、買い手に製品に不具合があることや自社の宣伝の中に偽りがあったことを証明するよう要求するのは当然であるかのように見える。しかし、返品を認めることのシグナリング効果を勘案するならば、これはかならずしも正しくない。条件つきでしか返品を許さないのであれば、自社製品の性能が悪い業者でも、十分約束できる可能性があるからだ。つまり、条件付返品というシグナルは、品質のよい製品を売る業者にとっても、そうではない業者にとっても同じ程度のコストしかかからないから、相対的なコストの差が少ない。そのため、これは品質を表す効果のあるシグナルとして機能しない可能性があるのだ。したがって、買い手である消費者に製品の不具合を具体的に証明させることで、かえって売り手であるメーカーの利益を損ねることもありうるのだ。

先ほどの数値例に戻り、返品の場合には買い手が品物が本物ではないことを証明しなければならないとしよう。さらに、買い手はもし買ったものが贋物であっても、自分で証明できるかどうかには自信がなく、仮に贋物でも20%の確率で証明できないと感じているとしよう。すると、贋物の売り手も返品を認めるであろう。なぜなら、80%の場合は買い手からの返品を受けつけざるを得ないから代金を返却したうえ1000円の費用を支払わなければならないが、20%の確率で返品されないからそのときは7000円の売上を得ることができる。したがって、平均的に支払う費用は800円（1000円の80%）で、売上は平均的に1400円（7000円の20%）が期待できるから、贋物の売り手も返品を認めるべきである。すると、本物も贋物もシグナルを出すことになるので、買い手は本物と贋物の区別がつかなくなるから品物を買わない。買い手は5回に4回は贋物の返品に成功するにもかかわらず、返品を認めることを商品が本物であることのシグナルとは受け取ってくれないのだ。

この例で、本物の売り手が出すべきシグナルは、返品を無条件で認めるということである。贋物を扱う売り手は返品を無条件で受けつけるわけにはいかないので、買い手は無条件で認める売り手が本物の売り手であるに違いないと確信できる。この場合、売り手が自社商品に自信があるかどうかは、直接には関係がないことに注目すべきである。問題を左右するのは、買い手が想像する贋物の売り手との相対的な比較であるから、この場面で戦略的に考えるためにはシグナルの受け手である買い手の事情をまず分析しなければならないのだ。自分が被る不愉快さは二の次である。

仮に、買い手は単なる気まぐれあるいは非常識さから、本物でも実に50％の確率で返品するとしても、売り手は無条件で返品を認めるべきである。右に述べた理由と同じで、無条件の返品でなければ買い手は本物の売り手のシグナルとは信用しない。確かに、50％の確率で返品されるから平均的には500円の損失が生じ、返品されず7000円の売上ができるのもわずか50％の機会で平均売上は3500円まで低下する。しかし、それでも平均的な収益は3000円であって、シグナルが信用されず買い手が品物をまったく買い控えてしまう場合よりははるかにすぐれているのである。返品される損失は、シグナルを信頼できるものにするために支出せざるを得ないコストなのである。

テレビ・ラジオを媒介とした通信販売は過去5年間に急成長しているが、この5年間は物が売れないデフレの時代と重なっているから、その急成長はいっそうめざましい。通信販売では、商品を手にとって見ることができない。しかも、最近の通販の主力商品は、誰もが必要な日用品ではなく、商品領域とターゲットにする顧客層を絞り込んだアイディア商品になっている。

しかし、一方で特殊な商品になればそれだけ、買ってみたものの思ったような商品ではない可能性が高くなる。右で述べてきたように、このようなときに無条件で返品を許す戦略は効果がある。安心感を与えるという保険の効果だけでなく、扱っている商品が本当にテレビで宣伝したとおりに買い手にとって役に立つということをシグナルする戦略的効果があるのだ。現時点では、通信販売は訪問販売や電話勧誘販売と異なりクーリング・オフ制度の対象ではないので、通販業者は返品に応じることを義務づけられてはいないが、大手の通販業者はほぼ無条件で返品を認めている。実際に返品されるのは販売数の3%ほどで、しかも中には、注文した服をパーティーで着たあとで平気で返品するようなつわものまでいるらしいが、それにもかかわらず返品受け入れは無条件にして、善良でない業者と自社を区別していくシグナリング戦略をとる意義があるのだ。

アメリカのスーパーや量販店では、一切理由を聞かずに返品に応じるということを、繰りかえしテレビや新聞広告で宣伝している。その背景には右で述べた戦略的理由があるのだ。PL法（製造者責任法）の制約からしぶしぶ返品に応じるような企業は、戦略的思考が欠落してせっかくのビジネスチャンスを逃しているのか、あるいは品質に問題があるかのどちらかであろう。

契約をしたあと、実際にほとんどサービスを受けなかった場合は、理由のいかんにかかわらず自由に解約できるようにすることにも、同じ戦略的シグナリングの効果がある。もしあなたが英会話スクールや、エステティックサロンと会員契約をするのであれば、会員契約の解約の条項は真っ先に確認すべきことである。解約が無条件にできず、条件がいろいろと付与されている場合、問題は単に解約したくなったときに不便になるだけではない。そのような契約をさせようとする相手は、自社のサービスの質に自信がないというシグナルを発しているとも解釈できるのだ。あなたが解約したくなる可能性はそれだけ高くなるかもしれない。ブランド物の安売り店でも返品の条件をはっきりと確認してから買うべきなのは、その店が扱うブランド品の信頼度を推し量るシグナルであるからなのだ。

## 8　資格取得のシグナリング

シグナリングの戦略的効果を明確な形で指摘したのは、2001年のノーベル経済学賞受賞者のスペンス（Michael Spence 1940〜）だが、彼が用いたシグナルの例は大学の卒業資格であった。潜在能力にとむ労働者にとって、大学を卒業することはたやすいが、そうではないものにとっては事情は異なる。大学卒業は潜在能力に欠ける労働者にとっては相対的にコストの高いシグナルになることから、卒業証書が戦略的シグナリングの効果をもつのである。日本の例で言えば、いわゆる一流大学卒の肩書がその役割に対応するであろう。

世に数多くある資格試験も、もちろん技能や知識を測定するということが目的であるが、シグナリングの効果も忘れてはならない。資格試験の受験者は、かならずしも資格が認定する技能の修得を第一の目的としてはいないのである。

実際のデータがないので憶測の域を出ないが、大学生の勤勉さを測る指標としてすぐれているのは、英語の試験の成績らしい。これは大学の授業で英語の能力が役立つということではかならずしもなく、語学の能力というのは、もちろん勘の良い悪いはあるが、一般に地道に努力を重ねればそれだけ成果が上がるものであるから、勤勉に努力を重ねるタイプの学生には成績をよくすることはそれほど困難ではない。つまり勤勉な学生には成績を上げるコストが小さい。したがって、英語のテストはシグナリングの役割を見事に果たすと期待できる。

シグナリングの効果をもっという観点からのみ判断すると、潜在能力に欠ける労働者にとっては大学を卒業することが相対的にコスト高になることだけが問題であるから、大学内でどのように勉強しようともシグナリングの効果には変わりがない。皮肉なのは、一流大学に入学してしまえば、何も勉強せずに卒業してしまっても、シグナリングに役立つことになる。さらに言えば、卒業がたやすい日本の大学の環境においては、一流大学の肩書がシグナルとして有効に働くためには、入学試験で潜在能力のある人間を選別できるかどうかという点のみが重要であって、大学内でどのような教育が行われるかには依存しない。これは、日本の大学で、よい授業へのインセンティブが与えられてこなかった事実と密接な関係があるはずだ。

資格試験についても同様で、シグナリング効果の観点からのみ言えば、資格が本質的にどのような技能を認定しているのかは問題ではなく、潜在的な能力のある人にとってはたやすく、そうでない人には多大な労力がかかる試験が好ましい。重箱の隅をつつくような問題は、真の能力を測る手段としては好ましくはないが、受験者がシグナルを出しやすくなるという意味ではそれでも価値があるのだ。

## 9　シグナルの解釈と信頼の維持

シグナリングが効果を発揮するためには、シグナルの受け手がシグナルにこめられた意図をはっきり理解していることが重要であることは言うまでもない。シグナルが正しく解釈されると予測するからこそ、シグナルの出し手はコストを支払ってまでもシグナルを出すのである。しかし、正しくは解釈されないだろうと悲観的な予測を立てた場合には、費用のかかるシグナルを出そうとは考えないかもしれない。つまり、戦略的シグナリングに使えるはずのシグナルがありながら、シグナルが機能することが信じられないためにせっかくのシグナルが発せられず、あたらビジネスチャンスを逃すこともありうる。

再び先に議論した単純な売買の例に戻ろう。宣伝ができる場合、宣伝をすることが商品が本物であることのシグナルであると買い手が正しく理解することを予測しているから、売り手は商品を売ろうとシグナルを出す。しかしながら、仮に売り手が悲観的に次のように考えたらどうであろう。シグナルの意図はかならずしも買い手に伝わらず、買い手は宣伝があろうがなかろうが、どちらにしても商品が本物である可能性は半々だと見積もりつづけると、この場合、売り手は宣伝をしても、買い手は買ってくれないと予測するから、宣伝はしないのが最適である。贋物の売り手はもちろん特別な宣伝はしない。それを買い手の立場から見ると、誰もシグナルを発しないわけだから、買い手は見積もりを変えるはずもなく、本物と贋物の可能性は半々と予測し、そして品物を買わないであろう。

シグナルが正しく解釈されなかったのは、かならずしも売り手や買い手の非合理的な推論によるものではない。結果的にみると、買い手が見積もりを変えなかったのは、シグナルが発せられなかったからだけで、もし発せられていれば正しく解釈されていたのか、それとも売り手の予測どおり、仮にシグナルが発せられても買い手がそれを正しく解釈できなかったのかは区別できない。すなわち、買い手はシグナルが発せられない以上は商品を買わないのは当然のことであり、売り手の悲観的予測も、観察できる買い手の行動からは、誤りであったかどうか判別できないからである。つまり、シグナルが機能しないシナリオも、合理的な戦略的思考の結果として起こりうるのである。

電車の中で不届きな行為をする男性は多いらしく、世には女性専用車両というものがある。女性専用車両であれば安心ということだが、情報の問題を考慮すると少々複雑な事情もある。女性専用車両ができるということは、女性専用車両に乗るということがシグナルになるということで、裏を返せば女性専用車両に乗らないということもシグナルになるということだ。女性専用車両にあえて乗ろうとは思わない女性にとっては、このシグナルを出すか出さないかはむしろ偶然の部類に属すから、もとよりシグナルに意味をこめる意図は何もない。ところがそのシグナルの意図を解釈するのは本人ではない。女性専用車両に乗らないということは、不届きな行為に対して寛容だという意思表示であるととられかねない。そのような解釈をこのシグナルに付与する人は多くないであろうが、不届きな行為に及ぶ男性ほどそう解釈しがちだと考えるのは戦略的思考がすぎるであろうか。

右の例のような抽象的レベルでは、まったく同じ戦略的環境において、シグナルが機能してビジネスチャンスが生まれる場合も、機能せずに不調に終わる場合も存在する可能性がある。したがって、現実問題としては、シグナルの出し手は、シグナルの受け手がシグナルの意図を汲んでビジネスチャンスが生まれるシナリオが起こりやすくするような工夫をすべきである。

それには、次の3つの点に気を配らなければならない。

まず第一に、相手が合理的に戦略的に考えてくれると信じられるのであれば、シグナルの出し手は失敗を恐れず各種のシグナルを出してみるべきである。シグナルを発しないことには意図が伝わることもありえないからである。もちろんシグナルにより意図が通じない場合は、シグナルにかかるコストの分が損失になるから、試すシグナルはなるべくコストのかからないものを選ぶべきである。先に指摘したように、返品を認めるというシグナルがすぐれているのは、仮に失敗して販売に結びつかなくても、かかるコストが小さい点であった。買い手が意図を理解してくれるのかどうかはっきりしない場合にコストの低いシグナルを用いるのは意義が大きい。われわれの身のまわりで、信用がある店ほど返品を認めるポリシーを自主的に明確にしているのは偶然ではない。

第二に、シグナルを解釈しにくくするような行動は避けるべきである。シグナルに自分のコミットメントの意図をこめることができるのは、受け手がシグナルにかかるコストを正しく評価することが前提になっていることを思い出そう。シグナルは、その表現が明確であり、コミットメントの意図のある者と、コミットメントをしない者との間でのコストの差が、シグナルの受け手にはっきりわかることが望ましい。言い換えれば、表現が明確でなかったり、コストの差が相手に理解されないような手段をシグナルとして戦略的に使うのはむずかしい。

すでに述べた宣伝のシグナリング効果と同様に、女性が服装や化粧にかける労力とお金にもシグナリングの効果がある。女性の間では着こなしや化粧のテクニックは研究され目ざとく監視されており、その場に賭ける意気込みと気合いの入り方もその日の服装と化粧から判明する。信頼すべき筋からの情報では、メイクの仕方で同性受けをねらったり、異性に受けようとしたりというシグナルをタクミに使いわけているらしい。ところが、男性にシグナルの意味がかならずしも正しく解釈されないのは、多くの男性がこの種のシグナルのコストに関して無知だからである。

男性が女性に花束をプレゼントする場合に比べ、女性が男性にそうする場合が少ないのも、コスト感覚の違いで理解できる。あくまで一般論であるが、花束に関して言えば男性は女性に比べはるかにそのコストに関して無知である。コスト差に無知なシグナルの受け手に対しては戦略的シグナリングは効果を発揮しにくい。

女性に男性が婚約指輪を贈る習慣も自分のコミットメントを伝えるシグナルである。しかし、同じ50万円のダイヤモンドでも、月収10万円の人が贈るのと、月収100万円の人が贈るのとではこめられるコミットメントの強さには差がある。月収の3倍程度などという相場が形成されてしまったのも、シグナリングの効果を考えればあながち理由のないものではない。

第三に、受け手の信頼を得ていたシグナルの信頼を失うような行動は避けなければならない。

受け手の信頼を失えば、シグナルの戦略的価値は消滅してしまう。気に入った食材が手に入らないと店を閉めてしまうような老舗の料理店があるのは、料理の品質を示すシグナルの信用維持に成功しているからで、またその信用に支えられたシグナルが十分な付加価値を生み出しているからである。

2001年4月に施行された改正JAS法（農林物資の規格化及び品質表示の適正化に関する法律）では、食品の規格と原産地や原材料名の表示方法についての規制が強化された。改正JAS法にもとづく表示は、生産者から消費者への品質に関するシグナルであることは疑いないが、法律の強化によりそのシグナルの信頼性を確保しようというのがポイントである。期待された効果は、生産地のブランドをシグナルすることで、高品質な生産物に付加価値が生まれるというシナリオであった。ところが、規制の強化にもかかわらず、雪印食品の牛肉偽装、全農チキンフーズの鶏肉偽装問題などが発生した。その結果、法律によって保証されていたはずのシグナルの信頼度が失墜し、食品表示に期待されていたシグナリングの効果が発揮されないでいるという異常事態に陥った。この法律は再び改正が予定されている。シグナルの信頼度が失われるのは実にたやすいし、失われたシグナルの信頼度を回復させるのは容易なことではない。

戦略的に考えると、このシグナリングの失敗は、品質の低い（正確には、品質の異なる）商品を売る売り手にとって品質が高いというシグナルを出すコストが低かったことが原因と考えられる。表示を偽ったことが発見された場合の罰則は、企業名の公表と50万円以下の罰金にすぎず、表示が正しいかどうかをチェックするのは農水省の役目ではあるが生産地の特定などは実際問題として困難である。偽装表示をした場合のコストは、偽装表示が発覚した場合のダメージであるが、発覚する可能性が低いために前述の罰則程度では高いコストとはいえない。つまり、品質にコミットした売り手に比べ、そうでない売り手にとってのシグナルの相対コストが十分に高いものでなくてはならないというシグナリングの原則が満たされていなかったのである。

## コミュニケーション

戦略的環境においても利害が共通する人々の間では，コストのかからないシグナルでも意義をもってくる．交通信号は，文字通りシグナルであるが，この場合われわれが信号を守ることが多いのは，シグナルを発生するのにコストがかかるからではない．青は進め，赤はとまれというシグナルの意図をそのまま信じて行動することが，結局は自分のためになると知っているからである．

もっと視野を広げれば，この本で使われている文字もシグナルである．少なくとも本の筆者は自分の発生しているシグナルが意味をもち，それが読み手に伝わると信じて本を書いているし，読み手のほうも書いてある文字が意味することが，筆者の意図するところだと信じて読み進むわけだ．一般に，日常会話も，意図を相手に伝えようとする戦略的シグナリングの応酬である．そして言葉が意味をもつ理由は，そのシグナルの送り手が意図することとシグナルの受け手の解釈が一致しているからに他ならない．話し手と聞き手の間で，シグナルを信じあうことで利益があることがわかっているために，コストが小さくても効果をもつのだ．ただし，コストのかからないシグナルの効果は脆弱である．言葉のやり取りで誤解が生じるのは日常茶飯事であるし，言葉の意味は時とともに変わっていくのがその証拠だ．

むしろ，コストのかからないシグナルをやり取りしている以上，誤解は避けられないと割り切るべきである．格調高い名文といわれるものであっても，読んでわからないのでは意味がない．読書をするときも自分にどのように思えるかが重要で，戦略的思考を駆使して筆者の真意を親切に探ってあげるような行為はしなくてもよいのだ．

# 第8章　スクリーニングと逆選択

## 1　戦略的に相手の気持ちを探る

戦略的シグナリングが、情報をもっている主体が情報をもっていない主体に自分のタイプ、属性やコミットメントを知らせる手段であったのに対し、情報をもっていない主体が、情報をもっている主体の属性あるいは行動へのコミットメントを探ろうとすることがある。これを「スクリーニング」(screening) という。ある属性をもっている、あるいはある行動にコミットしている主体を「ふるいにかける」という意味である。

言い換えると、スクリーニングとは情報をもっている主体にシグナルを出させるよう、はじめから意味のあるシグナルを用意しておく行為である。シグナルが機能するためには、シグナルを出すコストや、そのシグナルが受け手にどう解釈されるかが問題であったが、スクリーニングでは受け手のほうが、自分の解釈しやすいようにシグナルを用意してやり、シグナルを出させるわけだ。

## 2　スクリーニングの例

対人関係において、相手が自分のことをどのように考えているのかを探りたいとき、意図しているかどうかは別にして、スクリーニングをしている人は多い。たとえば会話の中でさりげなく自分の誕生日が近づいていることを強調してみる。それをきっかけにしてそれでは食事に行こうという約束が出来上がるとか、さらには相手が誕生日に何かプレゼントでももってきたりすれば、これはかなり脈ありである。それに対して、その日はインテルの業績発表の日だとか、お友達と映画を見に行く約束があるなどと言いはじめるようなら、だいたいイケナイとしたものである。スクリーニングの文脈で表現すれば、鍵になる属性は「自分に興味がある」ことで、この属性に関する情報をもっているのは相手である。属性を知らない、すなわちその情報をもっていない当人が、情報をもっている相手にシグナルを出させようとしてスクリーニングを仕掛けているのである。

大学では朝の講義の出席率は悪い。しかし、眠りつづける誘惑に打ち勝ち講義にやってくる学生は、惰眠《だみん》をむさぼる喜びよりも講義で学ぶインセンティブの強い学生である。言い換えると、あえて講義の時間を早朝にすることで、意欲のある学生をすくい取ることができるから、これもスクリーニングの一形式として利用できる。問題は、早朝に講義をするために教える側にもそれなりの努力が必要になることである。スクリーニングを仕掛けること自体にもコストがかかるのである。

試験にシグナリング効果があることはすでに述べたが、学力をテストする側から見ると試験を強制的に受けさせることがスクリーニングの手段になっている。

企業が資格を取得していることを雇用の条件とすることは、労働者をスクリーニングにかける戦略的手段とも考えられる。もちろん、弁護士や会計士の資格など、資格がないと活動自体が制約されるため、その資格を所持していること自体が実際の業務に役立つ場合もある。しかし、英語検定や簿記などの資格になると、資格自体の価値というよりは、資格をとるだけの資質のあるということが問題である。いくらTOEICで高得点を取ったからといって、要点はその人が英語を使えるかどうかという点であるから、TOEICの成績表を添付するだけでビジネスの問題が解決することはまずありえない。これは、資格を要求することで、企業にはわからなかった被雇用者の資質とコミットメントを推し量るシグナルを出させていると理解すべきである。

学生の就職活動は、まずエントリーシートを書くことからはじまる。雇用をしようとしている企業が、学生に対しまず最初の情報提供を要求する仕組みだ。エントリーシートの提出を要求する大きな理由はシートにかかれた事柄から学生の資質に関する基本的な情報のデータを得ることにあるわけだが、これはスクリーニングの手段としても機能している。エントリーシートを満足のいく形で完成させるのには少なからず時間をかけなければならないから、冷やかし気分で採用募集に応募している学生には骨の折れる作業だ。つまり、本当にその企業で働きたいという意欲のある学生を、とりあえず応募だけしてみようかと考えている学生からふるいにかけて選び取るスクリーニングの機能ももっている。このスクリーニング効果の観点からすると、学生の便宜を図るためエントリーシートの形式を企業の間で標準化することは、むしろ好ましくないということになる。

現状の会計制度では、企業が保有する土地や工場設備などの固定資産の時価が下がっても損失として処理をする必要はない。すでに発生した損失を覆い隠す行為を公然と認めている現行の制度には問題が多かったのであるが、ついに２００５年度の最終決算から損失処理が義務づけられる見通しとなった。興味深いのは、２００３年度から先行して損失処理をすることもできるとした点で、これによって制度が本格導入される２００５年度以前にスクリーニング効果が生じることが予想される。財務が良好で損失処理をする原資がある企業は、先んじて損失処理を済ませて自社の健全さをアピールする余地が生じたからである。

## 3　スクリーニングのための条件

用意されたスクリーニングの枠組みで、仕掛けられたとおりにシグナルを出すかどうかは、シグナルの出し手の自由な意思決定の問題である。したがって、仕掛ける側が意図したようにシグナルを出してくれるとは限らない。言い換えると、用意したシグナルを出すインセンティブがシグナルの出し手に正しく与えられるよう、スクリーニングを計画しないと成功しない。スクリーニングが成功するためには、属性やタイプによってシグナルを出すインセンティブの強さがはっきりと異なる必要があるのである。

その理由の第一は、いくらシグナルを用意しておいても、選び出したいタイプの人にそのシグナルを出すインセンティブが生じなければスクリーニングとして機能しない点にある。

単行本には、たいてい読者アンケートの葉書がはさまれている。今後の参考のため、読後の意見を聞かせてほしいというのがその趣旨であるが、私は書いたためしがない。それは、読んだ本が面白くなかったからではなく、本を読み終わるまでその葉書を保管しておいて、読後にわざわざ時間をとって一筆したため、しかも切手を貼ってその葉書を投函するだけのインセンティブが生じないからである。葉書を書くことで出版社や著者とコミュニケーションをとるという喜びは、それほど強いインセンティブにはならない。本が面白かったかどうかという読者本人のみが知りうる情報を嗅ぎ出そうというのが出版社の意図かもしれないが、単に葉書をはさんでおくだけではスクリーニングの効果は薄い。

第二に、選び出したいタイプの人にシグナルを出すインセンティブがあっても、ふるい落としたいタイプの人にも、同じシグナルを出すインセンティブが生じてしまえばスクリーニングは失敗する。

自分の誕生日が近づいていることを強調するのは、あくまでさりげなく行われなければならない。もっと単刀直入に、お車の送迎つきで帝国ホテルのレストランに招待すれば、相手があなたに興味をもっていなくてもほぼ間違いなくあなたの誕生日を祝ってくれるであろう。しかし、これでは相手の気持ちを読み取るスクリーニングにならない。セールスマンに、扱っている商品の品質がすぐれているか聞いてみるのもスクリーニングにはなりにくい。商品の質がどうであれ、悪いと言うはずがないからである。

年功序列式賃金にもとづく終身雇用システムは、若い時代には相場よりも低い賃金を支払い、年配になると相場以上に賃金を支払うという企業のコミットメントであると解釈できる。このシステムは、長期間企業に働こうという労働者を集めるスクリーニングに役立ちうる。なぜならば、長い間働く意志のないものにとっては、仕事をはじめた段階で相場以下の賃金を受け取るのは損であるから、そのような労働者は終身雇用制に魅力を感じないからだ。企業にとっても、意図しないときに労働者に辞められてしまうのは大きなコストである。仕事をはじめる被雇用者に仕事を教えるなどトレーニングが必要なことを思えば、スクリーニングをして長期に働く意志のある労働者を確保するメリットは大きいはずだ。しかしながら、終身雇用が原則となっている社会では、長期に働く意志のない労働者でも、すぐに自分の労働力に見合った賃金を支払ってくれる企業を見つけるのは困難である。そのため、長期間働く意志の有無にかかわらず終身雇用を選ぶというインセンティブが高くなるから、終身雇用のスクリーニング効果はあまり期待できない。

愛しているのなら指輪を買ってとおねだりするのも、愛情のある人を抽出するための巧みなスクリーニングの技術であるが、スクリーニングを仕掛けられたほうには大きな出費になることが戦略的に理解されているのであろうか。しかも、その出費は他の人の利益になることもあるから、人にスクリーニングを仕掛けさせようとしむけるさらに深い戦略まである。「保険に入るのが家族への愛情の証」といった生命保険会社の宣伝文句はその一例である。

## 4　消費者のふるいわけ

どのような製品でも、消費者の購買意欲には当然個人差がある。販売側からしてみると、意欲旺盛で高く払う意志の強い人には高い値段で売り、そうでもない人には安く売るほうが得になる。たとえば同型のテレビが2台あって、3万円払ってもひとつ欲しいと思っている消費者が1人、2万円までなら買おうと思っている消費者が1人、その他にこのテレビに興味のある人はまったくいないとしよう。こんなとき、もし同じ値段で売るならば、2万円以下にしないと売れ残りがでて、どのように工夫しても売上は4万円にしかならない。ところが、2人別々に交渉できれば、高い値段を払う気のある人には3万円近くで、もう1人に2万円弱で売ることができるであろう。売上は5万円となり売るほうにはそのほうが好ましい。

しかし、売り手には買い手の購買意欲の情報がないため、外見で判断してはじめから2人を購買意欲の強弱で振り分けて別々に交渉することができない。購買意欲旺盛なほうの消費者でも、払う値段が安くなるのに越したことはないから、自分が3万円まで支払う気があるとやすやすと売り手に告白するはずもなく、もう1人を真似て2万円までしか払わぬと主張するであろう。購買意欲の高い人に、購買意欲の高さをシグナルさせるためには、何らかのスクリーニングの手段を仕掛ける必要がある。

このような考えにもとづくスクリーニングは企業の販売戦略として日常的に使われている。イチゴは大きさや形をきれいにそろえて販売されるのが標準になっている。もとより畑のイチゴが大きさごとにそろって育つはずもなく、形がそろっているのは出荷時に農家が選別しているためである。選別することにより、料理店など特殊な要求のある人に大きくて形のよいものを高値で売ることができる。これは、購買意欲の高い人をふるいにかけて選び出し、高値で売るというスクリーニングの戦略である。とれたイチゴをそのまま量り売りにするのは、右の例で2台のテレビを同じ価格で売ることに対応する。

微妙に優劣の差をつけて、複数の製品を売り出すのは購買意欲の強い消費者を抽出するスクリーニングの手段として有効である。コンピュータのソフトウエアには、「スタンダード」と「プロフェッショナル」の2種類があるものが多く、その場合両者の間にはかなりの価格差がある。この価格差は製品の生産のコストの差には対応していない。実際、「プロフェッショナル」のソフトウエアの機能を制限したものが「スタンダード」として販売されている例もある。つまり、状況は右の2台のテレビの例と似たようなもので、このことからコンピュータの扱いに長けて購買意欲がある消費者をふるいにかけるスクリーニングの手段であると考えられる。

家電製品の価格がしだいに下げられるのも、そのようなスクリーニングの一種である。すなわち、はじめの高価格はその製品がどうしても欲しい人を抽出するためで、その後しだいに値段を下げて欲求の少ない人をすくい上げていくわけだ。ソニーの高機能ゲーム機、プレイステーション2は、2000年3月の発売開始からの1年間で、全世界で3000万台を売り上げたが、その希望小売価格は発売当初の3万9800円から1年間で段階的に値下げをされて2万9800円になっている。これはプレイステーションの人気がなくなったというよりは、スクリーニングをかけつつ、より高い値段でより多くの人に売ろうという戦略と考えたほうがよい。もう1万円値下がりしたならば私でも1台購入することであろう。このように時間をかけてしだいに行われるスクリーニングもある。

流行おくれの婦人服がバーゲンで売り払われるのにもスクリーニングの効果がある。流行を生み出すことで新たな需要を開拓するという意義のほかに、仮に需要が一定であっても、流行に敏感で購買意欲の高い女性をふるいにかけてまずは高値で売り、その後で流行よりは安さをとる女性にも値下げをして売りつけるというスクリーニングをすることに意義があるのだ。こう考えると、婦人服の流行を演出すること自体がこのスクリーニングのシステムにおいて重要な位置を占めていることがわかる。服装の流行は、多くの場合自然発生というよりはアパレル産業の仕掛けによることも、この事情を示すものである。一方で、女性に比べ男性には購買意欲の高いタイプの人が少ないため、スクリーニングを仕掛けて選別しても追加的利益はあまり見込めない。これが、紳士服には流行の変化がそれほど見られない原因のひとつである。もっとも、世代が下になるごとに服装にこだわる男性の割合は高くなっているから、もう10年もすれば男性用スーツの色と生地が毎年変わり、またある日いっせいに細かな花柄のプリントがされたりするような現象が見られるのではないだろうか。

電力の深夜料金のように、時間帯によってサービスや品物の料金を変えるのも消費者をふるいわけるスクリーニングとして働く。サービスを提供する店の側からすると、客は開業時間中に一定のペースでやってくるほうが好ましい。客がやってくるピークを基準にして、店の施設の規模、店員の数、在庫やサービスの量を決めれば、客があまりこないときには無駄が多く、逆に客の少ないときを基準にすれば、ピーク時に利用してくれていた客を失うことになるから、収益機会の損失である。したがって、スクリーニングを仕掛けて、わざわざピーク時にくる必要がない客を選別して、その他の時間帯に振り分けることにより、店の効率性を上げる効果があるのだ。ビジネス客向けのホテルが週末の宿泊料金を割安に設定したり、日本発着の国際線は週末に割高になることなどその例で、街を歩いていても平日特別料金とかサービスタイムを掲げる店の例を探すには苦労をしない。

一方で、本来そのような時間のスクリーニングを仕掛けるほうがよいのに実行されていない例も数多い。高速道路の料金や電車・バスの運賃などでもスクリーニングの効果が期待できる。

想定されるピーク時の交通量にあわせて施設の規模を設定して建設を進めたり、電車やバスの新規路線を作っていくのではあまりに知恵が足りない。通行料金の設定の仕方によって、交通量は変わるからだ。ところが、わが国の道路整備特別措置法にもとづく日本道路公団の料金設定は走行距離数のみに依存していて、走行する時間帯はおろか走行する地域にも依存しない。しかも、高速道路料金は全体としてプールされ、建設費の償還や新規の高速道路の建設に当てられるから、採算のとれない設備でも混雑する高速道路からの料金収入でどんどん建設できてしまうため、ひずみが歯止めなく大きくなるのがわが国の道路網であった。国土交通省が重い腰をあげて地方路線の料金や夜間の料金を値下げする検討をはじめたのは大きな前進であるが、おそらくは高速道路の新規着工の妨げになる料金のプール制度の廃止までは立ち入ることはできないであろう。新規着工を続けるインセンティブのある人が多すぎるためだ。

チケット売れ残りで話題になったサッカーのワールドカップの試合入場券も、関係者に戦略的思考が少しでもあれば価格をしだいに下げながら販売されていたであろう。1席1000万円くらいからスタートして、しだいに価格を下げればよい。1000万円の時点で買いを入れればおそらく確実に席を確保できるであろうが、サッカーファン多しといえどもさすがに大量に売れ残るであろう。言い換えると1000万円のチケットを買い占めても転売は不可能であるということだから、ダフ屋の出る幕もない。その後は1時間に1万円ずつくらいのペースで値下げすることをコミットして、10万円くらいになっても売れ残っていたら１時間１００円くらいのペースに変える。日本戦のチケットはインターネット上では10万円から20万円くらいで取引されていたが、この方式だとそれよりも確実に値段は下がる。高値をつけるのは、当初１万円程度で大量に売りさばく愚行を犯したことで、チケットの数量がサッカーファンの数に対して圧倒的に不足してしまったからだ。

この点を深く理解するために、単純な数値例を考えてみよう。サッカーファンが３人いて、席は２つしかない。ファンのＡさんは女房子供を質に入れても見る覚悟で、貯金をかき集めて１００万円まで払う用意がある。Ｂさんはサッカーファンだが、そこまでの激情派ではないから、10万円までなら払う。Ｃさんはサッカーのルールもよくわからないが、みんなが盛り上がっているのでチケットがあるなら行ってみようかなというタイプで、この人は２万円が限界。ここで値段を下げつつスクリーニングをかければＡさんとＢさんがチケットを手に入れ、売上は最大で１１０万円まで期待できる。ところが１万円で定価販売すれば、運のよい２人が手に入れるが、売上は２万円にすぎない。税金を投入して多大なコストをかけて開催する試合のチケットを無為に安売りする、こんな暴挙が許されてよいのであろうか。納税者はもっと怒るべきである。うさんくさいイギリスのエージェントも確かに問題ではあるが、戦略的思考の感覚からすると、こんな商品を抽選を使って定価販売することがそもそも誤りである。

しかも話はここでは終わらない。AさんやBさんが買いそびれてしまったら、彼らはこんな広告を出すだろう。「試合に絶対行きたいです。チケット売ってください」。AさんやBさんが買いそびれたということはCさんがチケットを持っているということだが、広告を見たCさんはチケットを転売できる。相手がAさんならば、運がよければ100万円で売れるかもしれない。その結果、サッカーファンのAさんと、Bさんはめでたく日本の初勝利を観戦できる。転売がはじめから意図されていた場合は、Cさんをダフ屋と呼ぶわけだが、この際そういう意図があったかどうかは問題ではなく、ポイントは、本来はスタジアム建設に税金を使われてしまった納税者に帰属すべき肝心の売上が、主催者側ではなくCさんのポケットに入ることである。ダフ屋を非難する前に、そもそも定価販売をすることの不明を恥じるべきだ。

それでは、転売を禁じるのはどうかだが、これは最悪。そもそも転売をすることを技術的に阻止できないし、さらに重要なのは、Cさんにチケットが割り当てられたときには、サッカーファンのAさんとBさんのどちらかは歴史的な一戦を観戦できないということだ。これでは、何のためにワールドカップを誘致したのかさえわからない。

## 5 保険と逆選択の効果

スクリーニングはいつでも計画的に用意されるとは限らない。往々にしてスクリーニングは意図せずに仕掛けられ、その結果として特定の属性をもった人々を意に反してあぶりだしてしまうことがある。意図的に仕掛けられたスクリーニングと区別するために、意図しない、あるいは意図に反するスクリーニングのことを「逆選択」（adverse selection）という。意図しないスクリーニングが働いてしまっても、それは隠れていた情報が開示されるだけであるから、少なくとも情報を受け取る側には損はないと思われるかもしれないが、これが案外厄介である。

逆選択が経済問題になる代表的な例は保険である。実際のところ、逆選択という言葉自体、保険業界で生み出されたとされている。これを単純な例を用いて、少し詳しく考えてみよう。

保険はそれぞれの加入者が直面するリスクを集めて共有化することで意味をもつ。たとえば火災保険を考えよう。それぞれの家が火災にあう確率は微々たるものであるが損害は大きい。仮にそれぞれの家について火災にあう確率が１％で、もし火災にあった場合の損害は１０００万円だとしよう。そのような家が１０００軒あれば、大雑把に考えて平均的には10軒の家が不幸にも火災に遭遇し、合計１億円の損害が生じることになる。しかし、それぞれの家が10万円ずつ保険料を出し合っておけば、この１億円の損害をカバーすることができる。一方、それぞれの家の所有者の立場からすると、１％で１０００万円の損害を被る可能性を気にしながら生活するよりは、１０００万円の１％の10万円をはじめに支払って、もしもの場合の損害が完全に補塡されるほうが好ましい。保険会社は、そのような好ましい取り決めの手伝いをして、その手数料を収入源としているわけだ。保険会社は、人の不幸を商売のタネにはしているものの、ちゃんと人様のために経済学的価値を生み出しているのである。

この場合、保険が機能するための要点が2点ある。第一は、保険料の支払いと保険金の支払いの取り決めは、災害が起こる以前、加入時点で完全にコミットされなければならないという点。支払いのコミットメントが前もってされていなければ、加入者には災害にあわなかったときには保険料の支払いを拒む可能性があり、また一方で保険者にとっては災害が起こったときの保険金の不払いをする可能性が生じてしまうからである。要するに、死ななかったのだから支払った生命保険料を返せといわれてしまうような環境では保険は成り立たない。あたりまえのことのようだが、本来は事の起こる前にコミットしてもらうことに価値があったのに、後になってから話を蒸しかえすというこの種の議論をする人は結構多い。結局借金は全額返したのだから保証人には迷惑をかけていないとか、同じマンションにある他の家の値段が下がったから、損失分を補塡しろとか、婚約解消したのだから指輪を返せとか、例を挙げるに苦労はない。

第二は、どの家も火災にあう確率は同じくらいあるという点である。例を少し変えて、たとえば1000軒のうちの100軒には非常にうかつな人々が住んでいて、彼らが火災にあう確率は10%であるとしよう。すると、平均的にはこれらの高リスクの100軒から10軒の火災が発生し、残りの900軒からは9軒が火災にあう。損害額の合計は19軒分で、1億9000万円に跳ね上がるから、これをカバーするためには最低でも19万円の保険料を徴収する必要がある。しかし、確率が1％である家の持ち主にとっては、10万円ならありがたかった保証も、19万円では考え直す可能性が高い。したがって、保険を導入したとき、低リスクの人ほど保険に加入するのを躊躇するから、結果的に保険の制度によって比較的高リスクのタイプの人々が保険に加入することになってしまう。

つまり、保険という制度を導入すると、それが意図せぬスクリーニングの仕掛けになって、リスクの高いタイプの人ほど保険に加入するというシグナルを出してしまうのである。

ところが話はここでは終わらない。もし低リスクの人が加入しないとすると、平均的な火災の発生率は上昇するから、保険料をさらに上げなければ保険会社の商売は成り立たない。しかし、保険料をさらに上げると、リスクの低いほうからますます加入者が減ることになる。この悪循環がどこまでも続くと、保険自体が成立しなくなってしまう。このように逆選択の問題は保険の存続にかかわるのである。

それでは、高リスクと低リスクの人がいることを前提として、まずスクリーニングをかけてこれらを分別し、高リスクの人たちには保険料が高い保険を供給し、低リスクの人には保険料の安い保険を提供するのはどうであろうか。もしふるいわけが可能ならば、右で述べた保険会社の苦悩も消滅するわけである。しかし、誰もが自分のリスクのタイプにかかわらず安い保険料を好むから、高リスクの人が自分が高リスクであることを素直にシグナルをするインセンティブはない。スクリーニングを成功させるには工夫が必要である。長期間事故にあわなかった人に対し、保険料を割り引くのはそのひとつの工夫である。長期間観察していれば、その人が高リスクのタイプであるかどうかわかりやすくなるからである。

リスクのあるところには常に保険の可能性があるわけだが、逆選択の問題のために、何にでも保険が機能するわけではないことがわかる。大学生にとって、卒業や就職はリスクのあることであるが、これらを保証する保険を作ったとしたら、どのような学生が加入するであろうか。結婚観も時代とともに変わり、いまや結婚することは必然ではなく個人の選択肢のひとつになりつつあるが、好ましい相手が見つからない場合に保険金が下りるような保険にはどのような人が加入するだろうか。ついでに言えば、私は現在この原稿をこの本が売れるかどうか大きなリスクを背負いながら執筆中であるが、本が売れなかったときに補塡する保険が残念ながら存在しないのも、逆選択の問題が間違いなく理由のひとつである。

銀行やサラ金の個人向けローンにかならず上限が定められているのは、あまり貸し込みすぎては貸し金の回収に手間取るからというのがひとつの理由である。しかし、これは逆選択の問題とも関連がある。仮に上限を撤廃するか、あるいは上限を上げたとき、そのときにより多く借りようとする人は資金繰りに問題がある可能性が高い。つまり、銀行が上限を上げて貸し金を増やし金利収益を増やすことを意図したとしても、そのときに高リスクのタイプの人がより多く寄ってくるのでは収益の増加は期待できない。金利を高くすれば銀行の収益は改善するかというと、金利が高くても借りたいと寄って来る企業には何がしかの問題がある可能性が相対的に高い。金利を上げられたとき、体力のある企業ならば、社債や株式などの直接金融で、あるいは他銀行からの資金調達ができるはずだからである。

## 6　逆選択とデータの解釈

このような逆選択効果から逃れることはかならずしもやさしくない。したがって、観察されるシグナルやデータは、その背後に逆選択の効果があるという理解をもって解釈されねばならない。逆に、そのようにシグナルを解釈してやれば、仮に逆選択の効果でゆがんでいるとしても、データから有用な情報が得られる。

読者アンケートの葉書の例でいうと、労をとって返信するのは、本に感動してしまって何か書かざるを得なかった人か、あるいは時間に余裕があるために葉書を書いて出版社や著者とコミュニケーションをとる喜びが十分なインセンティブになる人々であることを考慮に入れる必要がある。仕事を引退した人からの返信が多数だったからといって、その本の主要な読者がそのタイプの人々であるわけではない。読者アンケートは読者の年齢層の調査にはあまり役立たないということを理解した上で利用されればよいのだ。

一般に、アンケート調査や街角で収集した人々の意見をデータとして解釈するためには、逆選択の効果を考慮することが欠かせない。新聞やテレビで声高に意見を述べる人がいると、あたかもその人の意見が重要で、かつ国民の多数派を代表する意見であるかのごとき印象を受ける。街角で「無作為に100人に聞いた」結果は、一般的な人々の意見と解釈されがちだ。しかし、逆選択の効果を考えればこのような考え方には問題が多い。

そもそも、本当の意味で無作為に人を選んで意見を言わせるのは困難である。たいていの人にとっては、アンケートに答えるための時間や、普段あまり考えていなかったことに対する意見を整理する労力は、選ばれないように努力する、あるいは選ばれても当たり障りのない意見を述べることへのインセンティブとして働く。したがって、意見を言う人が選ばれた時点で、その人は対象となっている問題に独特の意見をもっていたり、ある特定の行動をとるタイプの人である可能性があるから、選び方は無作為ではないのである。読者アンケートの例では、葉書の配り方は確かに無作為なのであるが、葉書の返信のされ方は無作為ではない。

仮に無作為に選ぶことができたとしても、問題は多い。火曜日の日中に渋谷を歩いている人を無作為に選んでも、選ばれた人は代表的なサラリーマンとはいえないし、土曜日の深夜に道《どう》頓堀戎橋《とんぼりえびすばし》付近で無作為に選ばれた人も、有権者の代表的サンプルとはいいがたい。アンケート調査の結果から情報を正確に読み取るためには、そのアンケートがどのような方法でとられたかという情報が不可欠である。

いつ頃からか、ある人の視線がとても気になる。いつでも見られているようで、頻繁に目が合うようだ。ひょっとしてこれは相手からの何らかのシグナルであろうか。もちろん、恋愛に発展するシグナルである可能性もあるが、自分がその人が気になって頻繁に見ている結果かもしれない。客観的だと自分で思っていても、自分が見ることや聞くものの選択には、すでに自分の興味が反映されてしまっていることに注意すべきである。

山一證券と拓銀の破綻後に金融収縮が起こり、中小企業に対するいわゆる貸し渋りが問題になった。対策として、政府は直接間接に中小企業への債務保証を行った。すなわち、政府が返済を保証するから金を貸せ、というわけである。ところが、そのような債務保証を受けた企業の中には結局破綻したものが数多く、保証した政府、すなわち納税者が返済の義務を負うことになった。そのような債務保証のカンフル剤の経済学的意義と政府の責任は、これからも細かく検証されなければならない。しかし、データの上で債務保証を受けた企業ほど倒産する確率が高くなるのは、逆選択を考えると当然の結果である。破綻するような企業ほど資金調達に行き詰まり、政府の債務保証を必要としたはずだからである。

「私はこれで成功した」というタイプのハウ・ツーものの本や宣伝が巷にあふれている。医者に見放された病気が見る見る回復した、あっという間に20キロの減量に成功した、株で365日勝ちつづけ1年間で1億円稼いだ、などというお話はにわかには信じられない。誰しもまず考えるのは、それらの成功体験が本当に事実であるのかということであろう。これらのシグナルを発生させるコストははっきりしないから、まずは疑ってかかるのが定石である。さて、もしそれらの体験が事実であったとしても、逆選択の効果を考慮に入れて再考しなければならない。同じ方法を試して、病気が回復しなかったり、減量に失敗したり、株で損をしたりした人は、それを成功体験として公にすることはまずない。

しかも、成功は偶然にも起こりうる。コインを10回投げて表が連続してでる確率はおよそ0・1%であるから、これを成功させるのは至難の業である。しかし、0・1%くらいであれば、1000人も試せばまったく偶然でも1人の成功者が出現することに注意しよう。その成功者は自分のコインの投げ方がある必勝法にもとづくと主張するかもしれないし、しかも彼が10回連続で表を出したことは紛れもない事実である。だからといって、その成功体験を鵜呑《うの》みにすることはできないのだ。

### 理論か偶然か

ノーベル経済学賞を受賞したロバート・マートン(1944～)は，今風に言えば「金融工学」を創始した人である．私の留学時代にハーバード・ビジネス・スクールで聴講した彼の金融理論の講義の中で1つ記憶に鮮明に残っている言葉がある．それは，

「世の中には賢い人と運の良い人がいる．賢い人は手法を誇るが，運の良い人は結果を誇る」

というものだ．まったく偶然でも，結果が出ることがある．したがって問題は，それが必然だったのか偶然だったのかを見分けることのはずだ．自分の手柄ばかりを強調する人に対しては警戒心を抱くべきだし，実際そのような態度に対して嫌悪感まで抱くことがあるのはもっともなことだといえる．

1987年8月，私はアメリカ留学のため，スーツケースひとつもって成田からニューヨークへ向かった．そのときに機内で読んだのが阿佐田哲也の『麻雀放浪記』(1970年)で，それ以来この痛快な小説を、何度読み返したかわからない．その中に，主人公の「坊や哲」がチンチロリンというサイコロ遊びの一種で金を稼ぐくだりがある．チンチロリンのルールはあえて詳述しないが，要はサイコロに細工をしない限りは偶然で勝ち負けが決まる単純なゲームである．坊や哲がチンチロリンをするのはそのときがはじめてなのだが，彼はじっと見ているだけでなかなか賭けようとはしない。なぜなら，

「やるからには、私なりの方法論を持ちたかった。勝つか負けるか、結果はわからない。ただ、セオリイを作ればそれに賭けられる。負けたところであきらめもつく」

からだ．なぜセオリイ(理論)を研究するのかと尋ねられると，私もこのように答えることにしている．

# 第9章　モラル・ハザード

## 1　見えない行動をどう制御するか

モラル・ハザード（moral hazard）という言葉がメディアでよく使われるようになったのは、銀行への公的資金の投入が議論されはじめた頃からだろうか。銀行経営の文脈では、モラル・ハザードは経営倫理の欠如と訳されている。つまり、経営者みずからの経営判断の誤りで経営が行き詰まったものを、安易に許してしまうと、許されることを前提にした放漫な経営がなされる、それは経営者の倫理（モラル）の欠如によるものであるというものである。

モラル・ハザードという言葉も、逆選択と同様に元は保険業界用語である。保険支払いの金額が大きい自動車保険に加入した人は、そうでない場合よりも運転に注意を払わないかもしれない。自動車の盗難保険に入った人は、そうでない場合よりも自分の車を駐車する場所に気を使わないかもしれない。したがって、保険会社としては被保険者は加入後により不注意になるということを考慮に入れて保険料を高くせざるを得なくなり、最悪の場合には保険という制度自体が成り立たなくなってしまう危機的状況になるであろう。つまり、保険そのものが、無理な運転をしたりする反道徳的な行為を引き出すのである。この文脈でモラル・ハザードは「道徳的危機」とも訳されている。日本語の語感としては妙なのではあるが。

しかしながら、これらの問題の本質は、かならずしも人々のもつ道徳や倫理にあるのではない。モラルという言葉を一人歩きさせて、経済問題を倫理あるいは道徳の問題にすりかえてしまってはならない。保険に加入した人が、保険をかけたという安心感から不注意になる行動はけっして悪意のあるものではない。

戦略的思考の言葉では、モラル・ハザードの問題とは次のように理解できる。スクリーニングや逆選択が、相手の好みや性質がわからないとき、相手のとる行動を観察してその裏に潜む情報を探らざるを得なかったことから生じる問題であるのに対して、モラル・ハザードとは相手の好みや性質がわかっていても、相手の行動が観察できないために生じる問題である。

相手の行動が観察できないことで、不利益が生じる道筋は次のとおりである。ある行動にコミットしてもらうことが利益にかなうならば、コミットするに十分なインセンティブを与える取り決めをあらかじめ結んでおけばよい。ところが、本当にコミットしたとおりの行動をしたかどうかがわからないときには、見えない行動に対して支払いをするようなインセンティブ契約は機能しない。ある行動にコミットさせることができれば双方に利益のある取引が可能なときに、その行動の検証がむずかしいために双方の利益が実現しなくなる、あるいは非効率的な行動をとらざるを得なくなってしまう状況が、モラル・ハザード問題なのである。

モラル・ハザードの問題は非常に戦略的な問題であって、戦略的な考え方をもって理解すべきである。経営者が「モラル」に反する行為をしたとすれば、それはそうするインセンティブがあったからだと考えるべきである。つまり、問題の本質は、経営者がそのような行為を採用するようなインセンティブがなぜ与えられていたかということにある。そして、そのインセンティブの構造を変えない限りは、問題は繰りかえし起こるであろう。モラル・ハザードの問題は、戦略的環境における情報とインセンティブの問題であって、銀行やゼネコンの経営の問題はその応用例のひとつにすぎない。問題の源泉を倫理観や道徳心に帰着させて、経営者に座禅をくませたり、過去の偉人の書物や言葉を勉強させても何も解決しはしない。そもそも、社会経済問題を倫理とか習慣の問題と理解し、そこにとどまるのは危険な思想である。表層的な正義感や倫理観が歴史上のさまざまな差別や誤りを正当化してきたことを忘れてはならない。

## 2　約束のモラル・ハザード

モラル・ハザードの問題を戦略的に理解するために、次の2つのシナリオを比較してみよう。

シナリオ1。うっかりして生ごみを入れた袋をアパートの玄関の前に置いたままにしてしまったことに、朝駅に着いたとき気がついた。暑い最中、1日中そのままにしておくわけにはいかないから、となりのアパートに住む暇そうな学生に電話して捨ててもらうことを考える。しかし、普段から無愛想な学生だし、ものが生ごみなので袋をごみ捨て場までもっていってくれるかどうかは疑わしい。仕方がないから、20分かけて家まで逆戻り、会社には遅刻する。

シナリオ2。行きたいパーティーがあるので夜出かけたいが、いつもどおり飼い犬を散歩させなければ犬がかわいそうだ。それでとなりのアパートに住む暇そうな学生に犬の散歩を頼むことを考えてみる。しかし、いつもの散歩コースは全長10キロもあるから本当にそのとおりつれて歩いてくれるかどうかわからない。それで、パーティーに行くのをあきらめてしまう。

似たような話だが、本質的な違いがあることに気がついただろうか。シナリオ1では、この人は戦略的な思考をつくしたとはいえない。確かに、悪臭漂う生ごみを捨てるのは気の進まない仕事であるから、いくら暇な学生でも袋を自発的に処分してくれると期待するのは思慮に欠ける。しかし、この場合20分かけて逆戻りするだけのコストをかけるくらいならば、それだけのインセンティブを学生に与え作業をさせることを考えるべきだ。たとえば、捨ててくれたらビールを1本あげるとか。ビールを1本買うだけで家まで逆戻りして遅刻する羽目になることを防げるのならばそのほうがよいし、学生も袋をちょっとつまんでごみ捨て場にもっていくだけでビール1本になるのならば悪い話ではない。この場合は、もう少し戦略的に考えていたならば、お互いに利益のある約束をすることができたはずだ。

シナリオ2でも、仮に学生はビール1本くれるのならば、10キロ歩いてもよいと考えていたとしよう。ビール1本で外出できるなら悪くないから、右と同じように犬を10キロ散歩させてくれればビール1本あげるというインセンティブ契約を結べばよいようにも見える。しかし、本当に犬を10キロ散歩させてくれたかどうかは、ごみ袋を捨てたかどうかと異なり後からの検証がむずかしい。学生は少しだけ散歩をさせて、ひどい場合にはまったく散歩をさせずに、ビールをせしめてしまうかもしれない。したがって、散歩させればビール1本あげるとは提案しにくく、パーティーに行くのはむずかしい。戦略的に考慮をすればこそ、対価の支払いを約束して相手に仕事をしてもらうという、双方にとって利益のある機会は失われてしまうのである。これがモラル・ハザード問題だ。

注目に値するのは、仮に学生がモラルの意識に満ちた人物で、約束どおり犬を10キロ散歩させる意思があっても、問題はかならずしも解決されない点である。犬を散歩させたかどうかがわからないために、学生が「犬を10キロ散歩させる」というシグナルを出しても、またそれに対して「散歩させてくれればビール」というインセンティブを与えても、学生が犬を散歩させることが、当事者の間でかならずしも信頼できるコミットメントにはならない点こそが問題の源泉だ。つまり、モラル・ハザードは文字どおりのモラルの問題なのではなく、観測できないことに対してインセンティブを与えることがむずかしいというインセンティブの問題と、観測できない行動へのコミットメントは相手に信頼されないというコミットメントの問題が絡み合った問題なのである。

このように、本当は人に任せたほうが双方のためになるのに、その人が自分の指示どおりに動いてくれたかどうか後になってもわからないため、仕方なく自分でその仕事をこなしてしまったり、あるいは確認のために不要な労力を費やすのが、モラル・ハザード問題の代表的な例である。たとえば、顧客から製品に対してクレームがついたので、担当の部下に謝りに行かせることを考える。しかし、先方でどのように謝るかは観測できないので、無理をして時間を作り自分で謝りに行くという非効率的な行動をとらざるを得なくなる。また、せっかくパートの人を雇っても、指示したとおりの仕事を本当にこなしているかどうかがわからないため、結局自分ですべてチェックするはめになるのもその一例である。あるいは、食にこだわるあまり、野菜は有機農法のものしか使いたくない人にとって、買ってきた野菜が本当に有機農法で作られたかどうかを観測するのはむずかしい。それで、仕方がないので無理をして自分で野菜を作りはじめたりするのもモラル・ハザード問題である。

恋人の素行が気にかかるため、出張先でもケータイにしつこく電話を入れて、時間と電話回線の無駄使いをしたりするのも、かつての大リーグのスター、ジョー・ディマジオが、心配のあまり妻のマリリン・モンローの映画撮影にしつこくついていったのも、モラル・ハザード問題なのである。これらの例を人々の道徳心に結びつけるのは、少なからず乱暴な意見であろう。

## 3 モラル・ハザード解消のためのインセンティブ契約

モラル・ハザード問題の解決には、何らかのインセンティブ契約を考え、観測可能でない行動をとるインセンティブを相手に与えることが有効である。しかし、相手にしてほしい行動は直接は観測することができないので、行動をとれば対価を払うという約束・契約がその行動をするインセンティブを与えることは期待できない。インセンティブ契約が評価の対象とする成果は観測可能なものでなければならないが、かならずしも成果それ自体が相手に達成してほしい行動ではない点に、問題のむずかしさがある。

右のシナリオ2に戻ろう。ここで、学生に与えるビールの本数を変えて学生へのインセンティブの強度を変えても、おそらくモラル・ハザード問題は解決しない。約束のビールが何本になろうが、散歩をさせることが観察できるようになるわけではない。ここでは、ビールを何本もらえるかというインセンティブの強度に問題があるのではなくて、「散歩をさせる」という観測不能な事柄に応じて支払われるビールが、散歩をさせるためのインセンティブとして働かないところに問題があるのである。約束や契約が、本人にしかわからない行動をとるインセンティブを与えるためには、対価の支払いが何かお互いに観測可能な「見える成果」に応じて行われるものでなくてはならないのだ。犬を散歩させてほしいのならば、一例として家に帰ってきたときに、学生といっしょにいる場所で犬を外に出し、犬が散歩をしたがらずにすたすた家に戻ったらビールをあげると約束すべきである。

この約束の例で重要な点が3点ある。第一に、犬が家に戻るかどうかは、学生といっしょに確認することを約束しなければならないということ。なぜなら、犬が家に戻るかどうかをあなたが確認したかどうかは、学生にとっては観察可能でないので、こんどはあなたにモラル・ハザードが生じるからだ。「見える成果」は、当事者に共通に観察可能でなければならない。

試験で高い点数をとるのが、学生の勉強の目的ではない。またここだけの話だが、日常的に試験を行って成績をつけている私自身にとっても、試験は何をテストしているのかをはっきり理解しているわけではない。しかし、テストの点数は共通に観測可能であり、そしてその点数は学生の努力と連動している可能性が高い。そのため、テストで80点以上とればファイナル・ファンタジーを買ってあげる、あるいは試験で50点とれなければ単位を与えないというのは、モラル・ハザード解決のためのインセンティブ契約になっている。ところが、がんばって勉強すればファイナル・ファンタジーを買ってあげる、あるいは努力した学生には単位を与えるというのではインセンティブ契約として機能せず、モラル・ハザードの解消には役立たない。試験のために「がんばった」ことや「努力した」ことは、学生にとっては紛れもない事実であるかもしれないが、当事者の間で共通には観測可能ではないからである。

自分に都合の悪いことは隠したがるし、成し遂げたことを自慢したがるのは自然な感情である。成果に対して報酬が連動しても、その成果が十分に観測可能でないならば、報酬の上がる好ましい成果は積極的に公開するインセンティブがあるが、悪い成果の情報を公開するインセンティブが生じにくい。言い換えると、十分に観測可能でない成果に連動して報酬を決めるインセンティブ契約を結んでしまうと、都合のよい情報ばかり報告されることになる。

第二に、ビールを報酬として与える判断基準になるのは、犬が散歩をしたがらないということではなく、犬が家に戻るかどうかという点である。あなたには犬はまだ散歩をしたがってい るように見えても、学生にはそうは見えないかもしれない。さらには、犬が散歩をしたがっていなければビールをもらえるという約束にすると、どのように見えても、学生には犬は散歩をしたがっていないと主張するインセンティブが生じることにも気をつけなければならない。また、もし犬が散歩をしたがっているかどうかはあなたの判断で決まるという約束ならば、学生は無料で働かされるのを恐れて、散歩をさせないかもしれない。

このように、モラル・ハザードの解消をめざすインセンティブ契約では、報酬に値する成果があったかどうかの判断のために、客観的な基準が必要なのである。投げ捨てられるごみの減量と、資源リサイクルの立場から、空き缶や空きビンを返却したらお金を払うと約束するのも、効果的なインセンティブ契約になる。一方で、片づけをしていればお金を払うというのはインセンティブ契約になるかどうか疑問である。「ビンを返却」するのがはっきり観測可能な成果であることに対し、「片づける」のははっきりしないからだ。似たような例で、子供に部屋を片づけさせるとき、きれいになるまで片づけろと言いつけるのは戦略的思慮が足りない。「きれいになった」かどうかが親の判断でなされるからで、反抗期以前ならともかく、子供は直感的にそこに問題があることを感じ取っているものだ。

客観的基準を設定するためには、直接の利害関係のない第三者を利用することも有効である。企業に会計士による監査が義務づけられているのはその一例で、これは企業の成果を客観的なものさしで評価しようとするものだ。われわれの経済社会で、究極的に成果を客観的に査定するのが裁判所の役割である。言い換えると、裁判所の処理能力が低いと、それだけ有効に機能するインセンティブ契約が少なくなることを意味する。

犬の散歩契約の第三の要点は、学生が本当に約束どおり散歩をさせても、犬は再び散歩をしようと外に駆け出していくかもしれないことにある。本当にしてほしい行動と完全に連動していることを「見える成果」として評価することが望ましいが、そのような成果の基準はかならずしもいつでも設定できるわけではない。言い換えると、約束した行動を行った者としなかった者を平等には扱わないだけでなく、本当に行動を行った者もかならずしも平等に扱われるわけではない可能性がある。成果報酬の契約は、結果の平等を二重の意味で保証しないものなのだ。このような可能性があるということを、インセンティブ契約をむすぶ当事者すべてが理解していない場合、インセンティブ契約はモラル・ハザードの解消どころか、当事者間の不信感を増幅させ、問題を悪化させかねない。

会社のために努力する社員を優遇することで、やる気をひきだすインセンティブを社員に与えて労働の生産性を上昇させ組織を活性化させようとするのが、近年流行の成果主義の給与体系の目的である。このとき、「見える成果」に対して給与や昇進が連動するものでなくては成果主義の体系は機能しない。結果的に給与の差だけ生じさせるのでは意味がなく、むしろ、被差別感から社員のやる気をそぐことにもなりかねないのだ。人事部のブラックボックスの中で行われた給与査定が通知されるだけであったり、あいつは仕事ができるという社長のツルの一声で昇給が決まるようだと、モラル・ハザードを解消するインセンティブにはならないのである。

成果主義を導入するためには、その成果の測定基準として、売上成績、営業成績など客観的に測りうる定量的指標と、組織の目標達成の成否を客観的に確認できる定性的な指標を用意し、それらがどのように給与に連動するのかをガラス張りに公開しなければならない。その連動ルールが給与を査定する側とされる側で合意されなければ、成果主義はむしろモラルの低下を招くであろう。いくら年功序列制が制度疲労を起こしているからといって、会社の中でどのような仕事をどのような形で達成することが求められているのかがあいまいにされた企業風土のままに、成果主義を導入するのは危険である。しかし、成果主義は、日本的な合意形成による組織の意思決定システムになじまないのではない。成果主義が機能するためには、むしろ労使で合意されなければならない点は数多いのである。上司と部下の間の意見交換やフィードバックの重要さは、成果主義においていっそう強調されるのである。

## 4 成果主義型インセンティブ契約の例

モラル・ハザード対策のために、見える成果に対して報酬を支払ったり罰則を与える例、あるいは与えるべき例は数多い。

自動車保険では、長期間無事故を続けていれば、しだいに保険料を安くするという割引制度がある。これはそれまで無事故であったことに対する報酬であると受け取られがちだが、戦略的に考えるとあまり正しくない。無事故だったのは過去の事実であるのに対し、保険会社が本当に興味があるのは、将来その人が無理な運転をして事故を起こすかどうかである。モラル・ハザードを解決するインセンティブ契約という観点から考え直すと、運転の仕方が無茶かどうかは直接には観測不可能であるから、運転の安全さと強く連動する成果である「無事故」という見える成果に対して、将来保険料の割引という形で報酬を支払うことを前もって約束しているのがミソであることがわかる。つまり、これから無事故だとしだいに保険料が安くなるということを前もってコミットしておくことが肝要で、無事故である人に予想外のご褒美をあげても意味がないのだ。

不幸にも支払不能に至り、破産を余儀なくされた人でも、破産法によって負債の清算ができきる。大雑把に言ってしまえば、破産することで支払い不能になった債務は棒引きにすることができるのだから、破産とは借りた金を合法的に踏み倒す制度である。借りたものは返すのが当然というのが一般的な感情であるが、戦略的に考えると破産する権利を保証することには意味がある。極端なケースとして、借金を返さなかった場合には、死をもって償う制度を考えてみればよい。この条件のもとで、資金を借り入れるのはよっぽど度胸のある人か、あるいは将来のリスクをまったく先読みできない人であろう。住宅ローンさえも怖くて組めなくなる。すなわち、運悪く破産したときにある程度許される制度を使わないと、資金を借り入れて現在何か事を起こすという経済のごく基本的な活動がストップしてしまうのである。

しかし、破産を許すというのはモラル・ハザードの源泉にもなる。これは破産の原因になるような行為は、貸し手には観測不能なことが多いからで、住宅ローンを組む人がはじめからモラルに欠けるわけではもちろんない。したがって、モラル・ハザード防止のためには、何らかの成果主義型のインセンティブ契約を盛り込む必要がある。金融機関が借り手の企業の業務内容の報告を逐一させたり、月々の支払いが少しでも滞った場合に、貸し金の全額を回収すると契約書に書いたりするのも、借り手への罰則を見える成果に連動させることを前もってコミットすることで、モラル・ハザードの解消をもくろんでいるのである。

ベンチャー企業を起こす起業家が資金を集めるときにも、モラル・ハザードの問題が生じる。

企業の成功には、当初のビジネス構想も重要であるが、その構想のために起業家が適切な努力を惜しまないことが輪をかけて重要だからだ。しかし、起業家がどのように努力したのかは投資家には観察できない。そこで、ベンチャー企業への出資者は、その起業家に自己の資金を拠出させ、企業の利益と起業家の収入が連動するよう契約を結ぶのである。同様な理由で、給与が会社の利益と連動していないと、会社の雇われ経営者にもモラル・ハザードの問題が生じる。経営者にその会社の株式を与えたり、あるいは株式を買い取る権利であるストック・オプションを与えるのもモラル・ハザード対策なのである。

公共機関の仕事に無駄が多いのも、モラル・ハザードのひとつである。これは、公務員には無駄を省いて節約するというインセンティブが弱いからであるが、この問題の源泉は公務員の仕事の成果を評価する作業も、さらにはその成果に報いて報酬を与えるという仕組みもないからであって、断じて公務員のモラルに問題を帰着してはならない。この見地から天下りが問題になっているが、見方を変えれば天下りは公務員には数少ない成果主義の報酬であるから、天下りは公務員のためのインセンティブ契約として機能しえたのである。そういったインセンティブ契約が好ましいかどうかはまた別の問題ではあるが。

住宅の賃貸契約で敷金という制度がある。住宅の借り手には住宅をきれいに使うインセンティブが弱い。そこで、家をきれいに保つという成果に対し、解約時に敷金を返還するという形で報酬を与えるインセンティブ契約を結ぶというのが、敷金という制度の戦略的なポイントである。残念ながら、家をきれいに保つという評価は客観的に測定しにくいため、敷金の返還率は貸し手の恣意によるケースが多い。しかし、もう一歩深く考えると、もし客観的に家のきれいさを測る方法に貸し手がコミットできるのならば、より多くの借り手が家を借りることに興味をもつはずである。これは、犬の散歩の例で、約束は犬が家に戻るかどうかという客観的事実に依存して報酬を払うようにすべきなのと同じである。言い換えると、恣意的に敷金の返却を渋らないということにコミットできないため、賃貸住宅の魅力はかえって減少し、それだけ家賃も下がらざるを得ないのだ。

## 5　成果の選択と評価の客観性

インセンティブ契約がモラル・ハザードの解消に役立つためには、どのような成果を選ぶか、それをどう評価するかが大きな問題となる。

すでに述べたように、成果は客観的に評価可能なものでなくてはならないが、観測可能な成果ならば、何でも効果的なインセンティブ契約に結びつくというわけではない。野球やサッカーなどのプロのチームスポーツのインセンティブ契約を考えてみよう。ホームラン1本につきいくらという直接的なものから、翌年の契約交渉のための評価基準になる数々の指標があって、選手はそれらの指標に成果を出すことで翌年の給与を上げることができるのだが、その指標の選び方や基準の取り方によって、明らかにインセンティブ契約の効果は大きく異なってくる。もし翌年の給与が自分のいれたゴールの数だけで決まるとすれば、プロのサッカーはゲームとして成り立たなくなるであろう。

子供に勉強させるために、本を読んだり、テストでよい点をとるという成果に対して、金銭や物によるインセンティブを与えると、たしかに読書の量は増え、テストの点は上がるという意味での効果がある。しかし、これらのインセンティブ契約によって、子供の意識の中では見かけのうえだけで本を読んだり、テストで点をとるということが目標になるから、かえって読書や学ぶことを楽しまなくなるような危険性に注意しなければならない。成果はそれ自体が目標ではないから、報酬を対応させる成果の選択には注意が必要なのである。

年度末になると、予算を消化するべく各所で道路工事が急に行われたりするのは、今にはじまったことではない。工事に限らず、年度末の予算消化合戦は数多くの大組織で行われるが、これはある種の成果主義の結果なのである。たとえば、単年度決算が基本の組織の場合、その年に獲得した予算がどれだけ消化されたかということが見える成果として評価され、翌年度以降の予算配分に反映される。この成果主義体系のもとでは、何が何でも獲得した予算を消化するのが最善であることは、それほど戦略的思考に富んでいなくてもわかる。予算の消化は確かに見える成果であるが、望ましい行動との連関は定かではない。

これらの例からわかることは、客観的に測りうるということを強調しすぎて、本当にするべき行動との連動という肝心の部分を忘れてはならないということだ。しかし、目標となる行動と連動するものを、客観的に評価するというのは実際には難題だ。スポーツの世界ならば、まだしもゴールの数とか三振の数であるとか、勝利への貢献とほぼ連動していると思われる指標があるが、仕事の上での努力のインセンティブとなると、どこからどこまでが個人の成果であるかを測るのはむずかしい。

成果主義給与体系の一部として、社内フリーエージェント（FA）制度を取り入れる企業が増えている。オリンパス光学工業では自分がやりたい仕事が他部署にあれば、上司の承認の上で社内ネットワークに登録して求職できる。三洋電機では、ある部署に2年以上在籍した管理職で、現在の部署の仕事や年俸に不満がある場合、人事部に希望の年俸額を明示して、FA宣言することができる。人事部はその情報を社内で公表し、その社員を欲しいと考える部署がFA宣言した社員と交渉する。これらのFA制度のポイントは、社員がした仕事や能力の社内での価値が、市場原理によって決まってくるという点である。つまり、会社のためになる成果は、自然に他の部署から求められるから価値が高くなる一方、誰でもだせるような成果は自然に価値が下がるであろう。つまり、社内FA制度は、努力と成果を客観的かつ効果的に測ろうとする手段なのだ。

## 6 モラルと長期コミットメント

右で述べたように、戦略的に思考したとき、モラル・ハザード問題の本質的な部分は、観測可能でない行動をとるという約束が、信頼できるコミットメントにならないという点であった。しかし、もし両者の間にすでに何らかの信頼関係があって、お互いに自分の行動にコミットしあえる関係が樹立されていたとすれば、モラル・ハザード問題は生じない。犬の散歩の例でいえば、「悪いけど散歩させといて。ビールを買ってあげるから」に対し、「OK」の一言で問題は解決してしまうであろう。

モラル・ハザード問題は、行動が直接観測できないことから生じるコミットメントの信頼性不安に源泉がある。しかし、毎回の行動が直接観測不能でも、それが積み重なると何らかの成果として長期的には現れることがある。その成果を維持するインセンティブが与えられることで、間接的にインセンティブ契約が機能して、モラル・ハザード問題が解消する場合もある。

老舗の食料品店が食材にこだわることで信用を維持しようとするのも、有機農法にこだわる農家が、本当に有機農法を忠実に行うことで顧客を維持するのも、顧客と売主の間に長期的な間接インセンティブ契約が結ばれているためと理解できる。材料に手を抜いてもそれがただちに発覚する可能性は小さいし、畑で化学肥料を使ったところでそれがすぐに味に反映される可能性は低いから、これらはモラル・ハザードの原因になりうる観測不能の行動である。しかし、長い目で見れば、劣った材料を使うことから味がおちたと常連に評判を立てられたり、抜き打ちの検査で化学肥料の使用が判明したりするケースも出てくるであろうし、もしそんな結果が出るならば客は離れていくであろう。つまり、長期間の品質維持という成果に対し、客は「買う」という報酬でこたえつづけるのである。

これを客の立場から見ると、客の戦略は第4章「インセンティブ」の項で述べた条件付罰則戦略を応用したものといえる。条件付罰則戦略は相手が違反したときには実際に罰則を与えなければ効果を発揮しない。材料の質が落ちたり味が落ちたりしたときには、罰則を発動して商品を買わないという行為で対抗するのでなければ、店側に品質維持のインセンティブは生まれてこない。老舗の味は、戦略を忠実に実行する客の舌によって支えられるのだ。長年の義理と習慣から同一の製品やサービスを使いつづけるのは、かえってモラル・ハザードの温床になる。使い慣れてきたサービスでも、何か不都合が生じたら、銀行だろうが学校だろうが他店のサービスに代えるべきなのだ。モラル・ハザードは品質維持などの見えない行動をとる側の責任が強調されがちであるが、使う側の厳しい目があればそれだけ問題は生じにくいということを忘れてはならない。

新築の住宅を購入する例を考えてみよう。新築住宅が、要求されたとおりの材料を使用し、図面どおりに正しい工法で建築されたかどうかは、素人にはわからない。子供だましの手抜き工事ならばまだしも、巧妙なものになるとプロでも判別がむずかしい。住宅が要求どおりに建築されたかどうかは、5年10年のときを経てしだいに判明してくるものである。その時点になって、住宅の不具合がはたして建築時の約束違反によるものか、それとも住宅の自然な経年変化によって引き起こされたのかを完全に確定するには、住宅そのものを解体して分析するしかないが、それは到底できない相談である。このように、施工時の行動が観測されないどころか、そこからの結果も観測しにくい住宅建設は、モラル・ハザード問題の巣窟であるといえる。不届きな業者が手抜きをすることだけではなく、住宅を新築しようと考える人が、手抜き工事の不安から建築を見合わせる可能性を生み出してしまうのが、この場合のモラル・ハザード問題である。

２０００年4月から施行されている「住宅品質確保促進法」によれば、新築住宅の引渡し後10年の間にその住宅の基本構造に欠陥が見つかった場合、住宅を建設した業者に無償修理および賠償の義務を課すものである。これによって、新築住宅の品質を確保していこうというのが法律の主旨である。ただし、モラル・ハザード解消にむけてこの法律がどこまで効果をもつかは、保証が義務づけられるかどうかという点だけにあるのではない。犬の散歩の例で、モラル・ハザード対策のためのインセンティブ契約には、利害関係者が共通に客観的に確認できる基準が必要だったことを思い出してほしい。観測しにくい結果に関してどのような客観的な判断基準を設けるかという点が本質的に重要である。この場合、住宅を購入した側はまず間違いなく建築の素人であるから、法律で定める基準は素人でも客観的に確認可能な事項でなければ、モラル・ハザード対策としては不十分なのだ。残念ながら現時点ではこの法律を適用して賠償を求めるために、私に簡単にできるテストというのは数少ないようだ。

## 7　インセンティブ契約再考

すでに述べたように、成果主義型インセンティブ契約は、見える成果を評価するため、本当に求められる行動をしていても、成果が上がらない人には報酬を与えないことをも意味する。行動が観測可能でないために、これは仕方のないことでもあるが、成果が出るかどうかのリスクが行動をする側に転化される傾向は重要である。なかにはリスク自体を好む奇特な人がいるが、たいていの人はリスクはなるべく避けようとするものであるから、成果主義型インセンティブ契約は、行動をとる側が負担するコストも増加させる効果があることをまず認識しなければならない。その結果、努力をするインセンティブを与えるためには、成果が上がった場合の給与をリスク負担コストを含めた分だけ上昇させなければならない。

この点は、簡単な数値例を使って確認できる。ある社員の努力いかんで会社の追加利益が決まる単純な状況を考えよう。努力をすれば会社の利益は最大100万円増加するとしよう。この社員の基本給は10万円であるが、彼はもう10万円もらえるのならば、本気で努力してもよいと思っている。

努力が観測可能ならば問題は簡単で、会社は努力したら基本給に10万円追加する成果主義型の給与に変更すればよい。モラル・ハザード問題は生じない。また、努力すればかならず100万円の成果が上がるのならば、やはり問題は簡単で、100万円の利益が上がれば10万円を基本給に追加する給与体系にすればよい。

問題は、努力が観測不能なことはもちろん、努力をしてもかならずしも100万円分の成果が現れない場合である。たとえば、努力をしたとき100万円の成果が上がる確率が50%で、努力をしてもまったく成果の上がらない確率も50%あるとしよう。このとき、100万円の利益が上がれば10万円を基本給に追加する給与体系では、努力を引き出すインセンティブにならない。なぜなら、10万円の給与の追加があってはじめて努力をする意欲があるのにもかかわらず、50％の確率でしか給与は増えない。したがって、１００万円の利益が上がれば10万円を基本給に追加する給与体系では社員は努力をしないであろう。

それでは10万円ではなく、倍の20万円を追加するのはどうであろうか。この場合、努力をして運よく成果が出る場合に20万円の昇給があるから、運悪く成果が上がらず昇給しない可能性と平均すれば、努力をすれば10万円の昇給が平均的には期待できる。しかし、社員はそれだけのリスクをとるだろうか。10万円もらえば努力する意思のある社員は、平均的に10万円もらえるとはいえ、努力が報われない可能性が50％もある給与体系において努力をするとは考えにくい。

かといって、成果が現れないときにも昇給させたのでは効果がない。それならば、努力をしなくても自動的に昇給してしまうからだ。したがってこの場合、努力をさせるためには、成果が出たときに20万円以上の昇給を約束して、平均的には10万円以上の給与を約束し、社員が負担しなければならないリスクに報いる必要があることがわかる。つまり、10万円もらえば努力をする意思のある社員に平均的に10万円以上の昇給を約束することになる。

それでは、社員にリスク分を補塡すればすべて解決したかというと、そうではない。たとえば右の例で、社員は努力したときに確率50％で30万円もらえるのならば、努力してもよいと考えているとしよう。そして、会社の追加利益は、１００万円ではなく、25万円であったとしよう。もし社員の努力が観察可能であったならば、努力したら10万円払うと約束すれば、社員は努力しその結果50％の確率で25万円の利益が上がるから、10万円余計に給与を支払っても平均的には会社には利益がある。ところが、努力が観察可能でないときには成果主義で昇給させざるを得ないから、成果が出たあかつきには30万円支払わなければならない。つまり、会社にとっては努力をさせるインセンティブを与えないほうがよいのである。まとめると、もし努力が観測可能であったならば、つまりモラル・ハザード問題が存在しなければ、会社は社員に努力をさせて業績を伸ばすことができる。しかし、モラル・ハザード問題のために、会社は業績を伸ばせないのである。

# III　戦略的に解く身のまわりの経済学

# 第10章　値引き競争

## 1　価格戦争

マクドナルドの平日半額セールがきっかけとなったハンバーガーの価格切下げ競争は、その後牛丼にも飛び火し、2001年4月、業界最大手の吉野家ディーアンドシーが期間限定ながら牛丼を250円にするなど、ファーストフードの価格競争は激化の一歩をたどった。2001年後半には、狂牛病騒ぎと円安の影響で安売りには歯止めがかかったようには見えたが、2002年になっても200円台での安値のファーストフードの提供は続いている。かつてのハンバーガーや牛丼の値段を思えば隔世の感がある。

一般家電製品の定価販売は形骸化し、メーカーの広告にある希望小売価格で家電製品を購入する消費者はまずいない。家電製品量販店では、希望小売価格からどのくらい値引きするかを熾烈に競って値下げをしている。またメーカー側でも、希望する小売価格を提示しないケースが増えている。ソニーは2001年の4月1日から、従来の低価格品のみではなく、全家電製品のメーカー希望小売価格を撤廃した。東芝も、家電全製品の希望小売価格を2001年から順次撤廃している。

このような価格競争は消費者にとっては歓迎すべきことだが、競争をしている企業にとってはかならずしもそうではない。価格の低下は需要を増やすから、産業全体の販売量は増加するであろうが、肝心の利潤率は切り詰められるからである。それならば、なぜ自分たちにとって好ましくない価格切下げ競争を企業ははじめるのであろうか。またなぜあるときは、価格競争は起こらず横並びの価格を維持することに企業は成功するのであろうか。

需要量が低迷するときに、価格が下がるのは経済原則のひとつである。価格の低迷が需要の低迷により引き起こされるケースは数多い。しかし、右の例では需要量がごく短期間の間に激減したわけではない。同様に、生産コストの削減も価格低下の要因になる。しかし、価格競争が突如としてはじまり激化することへの回答にはならない。価格競争の時期と時を同じくして、需要が急減した、あるいは生産コストが短期間に激減してその分価格が下落したという説明には説得力がない。

1994年4月に121円/$l$だったレギュラーガソリンのガソリンスタンドでの店頭価格の平均（石油情報センター調べ、価格に関しては以下同様）は、1997年12月には99円/$l$程度となり、3年半あまりの間に1リットルあたり22円ほど下落した。この間、原材料である原油価格は円建てで約6円／$l$上昇したのであるから、生産コストの減少が価格の下落を導いたわけではない。しかも、ガソリンには1リットルあたり約53円の税金が消費税とは別に課税されているため、実質の販売価格は70円／$l$程度から40円／$l$程度まで実に4割も下落したのである。ガソリン店頭価格の下落はガソリンスタンドの価格競争の熾烈さを物語っている。

われわれの生活と切っても切れない段ボール箱であるが、その素材となる段ボール紙の価格のほうは低迷を続けている。2002年の5月までの2年間の価格の推移を見ると、両面段ボールの卸売価格は1平方メートルあたり35円程度から、28円まで下落している。一方で、段ボール紙の材料となる原紙の価格も低迷を続けてはいたが、2001年末に値上げされている。この場合の買い手は、段ボールを製品のパッケージなどに使用するメーカーになるが、買い手の要求に対し、原材料コストの上昇にもかかわらず、各段ボールメーカーは値下げ競争を余儀なくされているのである。

このような短期間での急激な価格競争の構造は、戦略的関係を考えなければ理解できない。戦略的分析の言葉で言えば、なぜ企業が突如として値下げ競争に陥ったのかという問題は、なぜもとの価格にコミットしあえなかったのだろうか、と言い換えることができる。この問題でのキーワードは価格への戦略的コミットメントなのだ。この観点から、価格競争の問題を整理していくことにしよう。

## 2 価格維持のコミットメント

ライバル企業が多いとき、価格にコミットするのがむずかしくなる基本的な理屈は単純である。もし、自分が高価格を維持することをコミットし、それに対して商売敵も高い価格を維持するとコミットしてくれるのならば、当初のコミットメントに反し自社の製品価格を少しだけ下げれば、他社への客を奪い取り売上を伸ばすことができる。言い換えれば、潜在的な価格競争に直面する当事者企業に増産の余地があるならば、単なる慣習や口約束で高価格を維持するとコミットしようとしても、それは信頼されないのでもろく崩れやすいのである。すなわち、増産余地のある企業の価格維持のコミットメントは、そのままでは信頼できないのであるから、熾烈な値下げ競争を行っている商売が数多くあるのは当然ともいえる。

しかしながら、すべての商売でそのような価格戦争が勃発しているわけではない。競争関係にあるかに見える企業の間で、さまざまな形で価格へのコミットメントを信頼できるものとする工夫がなされているし、価格戦争を余儀なくされた産業でも、戦争の勃発以前には高い価格にコミットできる環境があったのである。

価格コミットメントを信頼できるものにする直接的な方策は、価格規制である。定価販売はその代表的な例である。定価販売をメーカーが強要することで、小売店は労せずその定価にコミットすることができる。書籍類の再販制度など、価格へのコミットメントが法律で保証されるものもある。入札における談合や価格カルテルも、まさに価格へのコミットメントを共同して実現しようとする試みである。

注意しなければならないのは、高収益が保証されてしまうと、過大な企業参入を招く原因にもなる点である。つまり、価格規制で現在高収益が保証されているということは、増産意欲のある企業の数が増えるということにもつながる。規制業種ほど潜在生産力が大きいのは偶然ではない。すなわち価格規制による価格コミットメントは、かえって価格戦争が勃発する条件のひとつである企業の増産余地を増していく。それが意味することは、価格規制が外れた時点での価格戦争の勃発である。

日本の就業者人口の10%以上は建設業界で働いている。国土の大きいアメリカやオーストラリアでさえ、この数値は5%から7%程度であるから、わが国の労働力分布の偏りがわかる。これは、建設業界がしばしば談合を繰りかえし価格維持を図っていたことと関係がある。建設業界には大きな余剰生産力が蓄えられているため、入札の透明度が増し、建設業界での価格規制がむずかしくなることは、すなわち熾烈な価格競争の開始を意味するのだ。ゼネコンの収益が急激に回復するシナリオは描きにくい。

現在の段ボール業界にはかなりの数の企業が属している。段ボールシートの生産から加工まで行う企業だけで300社を超え、段ボールシートを買ってきて包装用の箱に加工するだけの製函業者は全国で3000社ともいわれている。それだけの数の企業が維持されてきた背景には、多くの企業が十分に利益を上げられるだけの高価格にコミットしつづけた、段ボール業界での談合の長い歴史がある。中小企業の生き残りのためには談合は必要悪であると正当化する談合体質が、段ボール業界では長期間継続したのである。高度成長期から1980年代半ばまで、段ボール業界は協調値上げを繰りかえした。この間、業界は人為的に高い価格にコミットするルールを維持しつづけた。それは1987年9月に業界最大手のレンゴーが、公正取引委員会の立ち入り調査を受けたのをきっかけに、談合のリーダーシップをとることを放棄するまで続いた（長谷川薫〔レンゴー会長〕「私の履歴書」日本経済新聞1998・11）。そして、リーダーの方針変更は、談合時代に過剰生産力を蓄えてしまった段ボール業界での価格コミットメントの信頼度が低下することを意味したのである。

## 3 規制撤廃の先読み効果

政府によるさまざまな販売規制も、間接的に価格コミットメントの強化に役立つ。これは、規制が撤廃されたことで、価格へのコミットメントの信頼度が薄まり、価格戦争が勃発するケースが数多いことからうかがえるであろう。かつていわゆる栄養ドリンク剤は薬局・薬店のみで販売され、実売価格も200円を超えていた。それが1999年の規制緩和で、効果の穏やかな製品はスーパーマーケットやコンビニエンスストアでも販売可能になった。規制が緩和された当初は、各メーカーはスーパーマーケットやコンビニエンスストアでの販売に消極的なコメントを出していたが、これも価格維持をコミットしあおうとするメッセージだったと理解できる。しかし実際は、この規制緩和をきっかけに、各社とも低価格製品の投入を開始し、今では150円を切る商品がコンビニエンスストアに並んでいる。

ガソリンの価格戦争が開始されたのも、政府の規制撤廃がきっかけである。戦後、政府は一貫して、原油を輸入、精製、そして販売を一括して行うよう指導し、石油精製業者・元売りの寡占体制を維持しつづけてきた。ところが1996年に特定石油製品輸入暫定措置法（特石法）が廃止され、ガソリンなどの石油製品の輸入が事実上自由化された結果、商社などがガソリンの輸入をすることが可能になり、石油精製業者・元売りの間の戦略的環境に大きな変化が生じた。低価格製品を投入する新規参入の可能性が現実のものとなり、これまでの寡占企業の間での価格コミットメントが弱まったのである。

また規制の撤廃の決定は、実際に規制が撤廃される以前に効果を発揮することもある。かつては規制業種の代表でもあった公共交通機関であるが、旧国鉄の民営化を皮切りにしだいに規制緩和が進んできた。２００１年にバス業務への参入の自由化がはじまり、２００２年2月施行の改正道路交通法により、タクシーや路線バス事業への参入と撤退が原則自由化された。許認可が必要であった料金設定も、ある一定の範囲内ではあるが、各業者が自由に決定できる届け出制に変更された。改正道路交通法施行後、低価格の長距離バスサービスが目につくようになったが、実はバス運賃の値下げは、２０００年度中からはじまっている。２０００年度中から高速バスの運賃の値下げや、１００円バスを市街地に導入するなどの対策をとった地方のバス会社が多数あり、東京—大阪間の格安夜行バス「青春ドリーム号」が運行を開始したのは２００1年12月である。また、２０００年度中に大胆な経営効率化やリストラを行った民間バス会社も数社あった。

これらの動きの戦略的意図は2つある。まず第一に、将来の競争相手に対し、自分は価格競争力があり、もし参入してくればいっそう値下げもできることをコミットすること。もしこれが信頼されれば、さらなる価格競争を招くだけの新規参入は利益にならないので起こらないであろう。つまり、規制によって守られている企業にとっては、規制緩和後に参入が起こってから競争相手に対し価格をコミットするよりも、現在から行動を起こすほうが将来の自分の価格競争行動をコミットしやすいため、規制撤廃前に行動を起こしたのである。第二の意図は、ロック・インを利用した客の囲い込みである。競争がはじまる前に、ターゲットになる客層を取り込むことにより、競合するバス路線だけではなく、鉄道や旅客機との競争を有利にしようという意図がある。特に、若い世代は、近い将来彼らの所得が上昇してバス以外のより高価な交通手段を利用しやすくなっても、今のうちにロック・インしておけば将来になってもバスへの愛着を維持する可能性がある。

したがって、仮に規制撤廃後に新規参入が起こらなくても、規制緩和策の効果は確かに現れているのである。石油の自由化の例でも、現在までのところ大規模な参入は起こっていないが、ガソリン価格の値下げは現実のものとなった。大口の電力販売はすでに自由化され、将来は家庭向けの電力小売りまで全面自由化される方針が決定している。日本での電力事業にも大きな影響力をもつと考えられた「エンロン」が2001年に破綻するという事件もあったが、大型の参入は起こっていない。しかしながら、東京電力など既存電力各社はすでに電気料金の引き下げ攻勢をかけている。

ところで、民間交通機関の自由化への対応に比べ、市バスなど公営バスの対応は対照的で興味深かった。規制緩和の決定後も、価格戦略はもとより目立った経営戦略はとられなかった。規制緩和をにらんだ内部での改変改革は行われていたとも考えられるが、新規参入者をけん制するコミットメント戦略はとられなかった。実際、改正道路交通法の施行を機に、新規参入が現実のものとなってきた。市営バスが中心の京都市内のバスであるが、2002年の秋から順次、大手タクシー会社のエムケイが、京都市営バスより20円安い200円の料金設定で、運行間隔も10分間に統一して参入することを明らかにした。

逆にいうと、新規参入者は、公営バスは価格・サービス面で対抗できないということを、先読みしているともいえる。札幌の市営バスは撤退を決定、民間バスに業務を移管することを決定しているが、その背景には人件費の面で民間バスに対応できないという現実があった。市営バスと民間のバスの間では1・5倍以上の給与差があるとされている。人件費の問題は札幌に限らず、公営バスの共通の問題である。戦略的に言えば、人件費の負担があるため、新規参入者が一番恐れる価格切下げ競争は起こりにくいと先読みできる。運営母体である自治体の財務が良好であれば、公的資金を投入しての競争も考えられるが、現状ではその可能性は少ない。

ところで、札幌の場合は民間へ業務移管後の人員を市営地下鉄などへ配置転換していくという。肥大化した公営サービス自体はなくならないようだ。

## 4 減量経営のコミットメント効果

価格コミットメントへの信頼度を回復するためのひとつの方策は、増産余地をなくすことである。増産できなければ、価格を下げても販売は伸びないのでメリットはない。したがって、増産しないことに信頼できる形でコミットできれば、価格コミットメントの強化に役立つのだ。

2001年度中からの急速な景気の悪化を受け市況低迷が続く、鉄鋼、石油、化学などの素材産業では、供給を抑制すべく過剰設備を休止したり廃棄したりする動きが2002年になって本格化してきた。日石三菱グループ（現・新日本石油グループ）は、グループがもつ富山製油所も2005年をめどに閉鎖、設備を廃棄する方針を決めた。エチレン、ポリエチレンなどの素材生産大手も、2001、2年度に一部設備の稼働を中止することに決定し、設備廃棄の検討も開始した。

2001年末、鉄鋼の世界的な生産過剰対策として年産1億トンの設備を削減することが経済協力開発機構（OECD）の会合で合意され、日本政府は粗鋼ベースでみた日本全体の3分の1の2800万トン分の設備廃棄案を示した。業界筋からは、これはすでに休止中のものや、効率が悪くどのみち廃棄されなければならなかった設備を積み上げた数字であるから、あまり意味はないという否定的なコメントが報道された。それに対し、経済産業省は設備があれば使う可能性もでてくるため、この廃棄案には意義があると反論した。

老朽化した効率の悪い設備では、生産コストがよりかかるから当然利益率が悪くなる。素材の価格が低迷し、景気の回復が視野にはいってきていない状態では、稼働すればそれだけ損失がかさむという設備も生まれてくるため、それらの設備の稼働をとめることは、利益追求の観点から当然の決断であると理解できる。しかし、なぜ設備を休止させるだけではなく、廃棄する必要があるのだろうか。一見すると、維持するコストがそれほど大きくなければ、まだ使える設備を廃棄してしまうのは経済的な損失である。また休止していても廃棄されていても生産量には変わりはないのだから、素材の供給量は変化せず、価格に与える影響もないかのように思われる。したがって、設備を廃棄する理由は休止した場合の維持費がかさむことに帰されそうである。

しかしながら、設備を休止し生産ラインを止め稼働可能なまま保持するのと、設備を廃棄してしまうのでは戦略的には大きな違いがある。

設備廃棄は減産のコミットメントを信頼できるものにする戦略的効果があるのだ。稼働可能な設備を休止させて生産量を削減している場合には、需要が増大した場合にはただちに増産を行い価格競争に備えることができるという意味合いをもつ。したがって戦略的に見れば、休止中の設備を廃棄することには、たとえ現時点での生産量に影響はなくとも、将来景気が回復してきたときに、価格を維持するコミットメントを信頼できるものにする効果があるからだ。戦略的思考がどこまで働いてのものかは不明だが、経済産業省の反論は、設備があれば使う可能性もあるため、設備廃棄に意味はあるというものであったことは興味深い。

## 5　価格維持をめぐる駆け引き

家電製品に関していえば、定価販売は形骸化し、メーカーが希望する小売価格さえも提示しないケースが増えている。ソニーはすでに全家電製品のメーカー希望小売価格を撤廃している。メーカーにとって、もし小売店への卸価格が一定ならば、売れればそれだけ収益が上がるわけであるから、小売価格は低ければ低いほどよい。言い換えれば、もし自社製品が十分強力で、設定している卸価格で他のメーカーと十分に競争できることがわかっているならば、小売店同士が何らかの形で高い価格にコミットするのはメーカーの利益にはならない。したがって、定価あるいは希望小売価格などという、コミットメントを信頼しやすくするような仕組みは、メーカーの利益追求に反しており、実力あるメーカーが定価を撤廃しようとするのは当然の流れといえるだろう。

一方、小売りをする側もいろいろな手段を使って対抗している。「当店の価格が他店より1円でも高ければ、さらに値引きします」といった種類の宣伝を目にした人も多いであろう。家電量販店大手のコジマとヤマダ電機は、競合する店舗が多く、この種の広告でしのぎを削っている。消費者の立場から見ると、低価格を保証するこれらの量販店は、非常に良心的かつ競争的な店に見えるかもしれない。ところが、コミットメントの戦略的効果という見地から再考すると、他の意味合いも見えてくる。

この広告を言い換えると、「他店の価格が当店と同じ（または1円でも高い）ならば、値引きをいたしません」とも読める。すなわち、この広告は、自分からは値引き競争を仕掛けず価格を維持しますというシグナルを競合他社に向けて発しているに他ならない。もし価格戦争に陥らないことを当事者全員がコミットしあうことができれば、販売店にとっては願ってもないことである。あたかも価格戦争を仕掛けるかのように見える宣伝文句であるが、実は競争を避ける効果があると期待できるのだ。

問題はそのシグナルが示す価格コミットメントの信頼性であるが、その信頼性を知らず知らず保証しているのが、1円でも安く買おうと目を光らせている消費者たちなのである。もし仮に他店が価格戦争を仕掛ければ、そのような宣伝をした店は消費者への体面を保つために値下げせざるを得ない。価格選別を厳しくする消費者のおかげでこの広告は信頼できるのであり、したがって価格維持へのコミットメントは戦略的思考をする他店には強く信頼されることになろう。

実際、この種の広告を出していても、調べてみると周辺他店での販売価格より高いことがある。ヤマダ電機は他店のチラシに出ている価格よりさらに10％値引きするとの広告を出していたが、ヤマダ電機の自社店舗での店頭価格表示は、他店の店頭価格表示よりも10％安くなっていないと指摘され、消費者に対する虚偽の広告であるとして公正取引委員会の警告を受けている。しかし、この種の宣伝文句を使用する販売店は、かならずしも他店に追随して値下げ競争に参加する意図はもっていないのであるから、そのような価格逆転が起こるのも、それほど不思議なことではない。

またさらに興味深いのは、ヤマダ電機の広告には値引き対象になるのは他店の店頭価格が確認できるものという注意書きまでついていることである。つまり、競合他店が何らかの理由で価格値下げを公にコミットできたときに限り、こちらも10％の値下げ競争を開始すると宣言しているのであって、ご丁寧に価格値下げが公になってしまうような価格競争は止めましょうというシグナルまで他店宛に発しているのである。他店よりも値段が高い場合には当局から指導まで受けられるということになると、価格へのコミットメントの信頼度と価格競争回避のシグナルの信頼度はいっそう増すのである。競争促進の立場から考えたときの問題点は、実際に価格が安くなっていないことではなく、価格競争回避へのコミットメントを公にするこの種の広告の構造そのものなのだ。

もっとも、このあたりの戦略的構造は周知されているのかは定かでない。宮崎県の家電店、丸誠電器は2001年3月頃から「ヤマダさんよりかならず安くします」という看板を立て、さらにチラシも配っている。私の見るところ、この場合お互いの価格が等しくなる以外は均衡しえないから価格戦争が終了してハイ終わりとなるはずなのだが、実際はヤマダ電機が丸誠電器を虚偽広告で訴えているというから、マカ不思議である。

## 6 差別化による価格競争回避

ガソリンや家電製品のように、大量に同質の製品が生み出され、それを売りさばく小売店が多数ある場合、小売店が価格戦争に巻き込まれる可能性は高い。しかし、見方を変えれば、直接競合する店がなければ価格へのコミットメントはしやすく、価格の維持に成功しやすいということも示唆する。極端な例は、商品を1社だけで独占的に供給している場合であるが、そこまで極端にならなくても、自社の提供する商品を競合他社のそれとは異なるように戦略的に差別化することにより、価格維持をしやすい環境を戦略的に作り出すことも可能である。

マクドナルドに発した今回の値下げ競争に、すべてのファーストフードのチェーン店が巻き込まれたわけではない。天丼・天ぷらチェーンの「てんや」では、主力定番商品の天丼の価格を1989年の創業以来現在まで490円に設定している。2002年夏の季節限定メニューである「夏天丼」も690円に設定されていて、客単価は600円程度を維持している。これは天丼という商品が一般にもっている商品特性、およびてんぷらにかかるコストが生み出したというよりは、「てんや」が意図的にサービス方法や店舗の内装を、競合するほかのファーストフードチェーンの商品と異なるようにしている結果と見るほうがよいであろう。

「てんや」の例で注目される点は2点ある。第一は、自社の主力商品の商品イメージを、安くて早い天ぷらののったどんぶり物ではなく、天ぷらの安売り店で出されるどんぶり物という形にすることに成功していたことである。つまり、もし客の発想が、何か手軽に安く済ませたい、それならどんぶり物、その選択肢のひとつが天丼という形になってしまうと、牛丼も天丼も「どんぶりファーストフード」のひとつとみなされてしまい、その結果天丼チェーン店は牛丼チェーン店とまともに客を奪い合うことになってしまう。また、もっと広く考えれば、消費者が「てんや」の天丼に対してファーストフードのひとつというイメージをもってしまったら、ハンバーガーのチェーン店も競合する相手となってしまう。もしそのような構造になっていれば、「てんや」が今回の価格戦争に巻き込まれた可能性は高かったであろう。「てんや」のターゲットは明らかに昼食代を1円でも切り詰めようとする客層ではない。「てんや」はファーストフードの店ではなく、安い専門店、あるいはてんぷら専門のファミリーレストランといった形で、他店との差別化に成功しているのである。

第二に、競合する天丼専門チェーン店の大規模な参入がなかったことである。「てんや」の天丼というブランド性を確立してしまえば、他のファーストフード店がメニューのひとつとして取り入れる天丼とは競合しにくいので怖くない。「てんや」にとっての脅威は、同様な専門チェーン店の参入であったはずだ。これに関しては、おそらくは490円という価格設定が、今までのところ、大規模な新規参入をけん制する水準であると考えられる。潜在的な参入者にとっては、毎日の営業で発生する利益が初期投資を上回るかが重要な基準になる。天丼の利幅は他のファーストフードよりも大きいが、少なくとも現状においては、大きな初期投資をして大規模な参入をするためには、天丼の客層は十分大きいとはいえないのだ。牛丼チェーンのように、大規模なチェーン店がいくつも参入して初期投資を完了させてしまった後では、利幅を確保する価格へコミットするのはむずかしい。

小売り不況の中でも成長を続けてきたファーストリテイリングは、2002年度にはいり急速に利益が縮小した。ユニクロを展開するファーストリテイリングの成長を支えた要素として次の3点があげられる。第一に、販売商品の数を絞り込み中国で一貫生産を行うことで生産コストを激減させたこと。第二に、販売店舗での成果主義を徹底し、販売店の労働効率性を上げたこと。そして第三にフリースに代表される「ユニクロ」ブランドを創ることに成功した点である。しかし、これらの要素は大手のスーパーにも導入可能な要素であって、事実ユニクロの営業減益の背景には大手スーパーでの同種商品の廉価販売に対抗してさらなる値下げを余儀なくされたことが大きく影響していると考えられる。圧倒的な低コスト体質はいまだに健在で、ファーストリテイリングは疑いなく優良企業なのであるが、すでに市場参入済みの大手スーパーという競争相手をかかえている以上、利益を圧迫する価格競争から無縁ではいられない。

段ボール業界の場合は微妙な例である。先にも述べたように、段ボール業界が激しい価格戦争に陥ったのは、過去の談合体質で過大な利幅が保証されたため、業界内の企業が増えすぎてしまったためである。これらの企業は初期投資をすでに完了しているから、価格競争は避けがたい。ところが、段ボール製品にも新規需要の可能性が押し寄せてきている。そのきっかけになりうるのが、「容器リサイクル法」である。プラスチック容器や発泡スチロール容器のリサイクル態勢に比べ、紙のリサイクル態勢はすでに長い歴史をもつため、段ボール容器の廃棄はより簡単である。技術面でも変化が起こっている。段目の高さが微小であるマイクロフルート段ボールが開発され、薄型軽量かつ強度にすぐれた段ボール製品の作製が可能になってきた。また段ボール原紙に防水抗菌加工をもたせた製品も実用化されている。つまり、リサイクル法による潜在的需要の増大だけでなく、多種多様の用途にあわせた段ボール製品が考えられるようになっているのである。すなわち、これは各企業が自社製品の差別化を行うチャンスなのだ。

税金とは、経済活動をすることに対してサービス料を徴収するということだから、経済活動につける価格の一種である。したがって、税金の種類や税率も価格競争の対象になりうる。アメリカのそれぞれの州は一定の範囲内ではあるが、独自に徴税制度を定め税率を決めることが許されているため、たとえば隣接する州よりも税率を引き下げて人や企業をひきつけるという競争が起こる。しかし、広大なアメリカのことであるから、いくら固定資産税が安いからといって、職場からはるかに離れたところに住むわけにはいかないし、客のいないところに店を移すわけにもいかない。つまり、距離や地域性が自然な差別化の手段として働くので極端な税金引下げ競争は起こらない。

日本でも、支払わなければならない地方税の額は各自治体によって異なるため、価格競争の余地はあるものの、目立った税金引下げ競争は発生していない。企業活動にかかる法人税率は国によって異なり、わが国の法人税の実効税率の高さが問題になっている。ここにも価格競争の余地があるが、それが起こっていないのは地域による差別化の効果が働いているためだ。しかし、人がそろって税金の安い海外の国に移住することはむずかしいが、企業が税率の安い国に事業拠点を移すことはそれほどではない。したがって、少なくとも長期的に見れば、法人税の実効税率には国際競争の余地が生じる。

差別化が価格維持に効果があるということは、すなわち製品サービスの差別化は新しいビジネスチャンスにつながるということである。差別化の糸口はいろいろなところにある。日本で安価なコーヒーのチェーン店を経営した草分けはドトール・コーヒーであるが、昨今は日本では後発のスターバックス・コーヒーに市場シェアを奪われている。日本だけでなく、ヨーロッパでもスターバックスの躍進はめざましい。スターバックスの成功を支える要素はいくつか考えられるが、製品差別化という観点からいうと店内完全禁煙のポリシーが大きく貢献しているといえよう。喫茶店でタバコが吸えないのは言葉の矛盾のようだが、タバコを吸わない人々にとってはタバコのにおいは耐えがたき異臭なのだ。少なくとも私のような嫌煙家は、店内でタバコの匂いがしないという理由だけでスターバックスに足が向く。つまり、似たようなサービスでも、禁煙にコミットすることで差別化をなしとげ、新たな客層を開拓することができるのである。

# 第11章　オークション

## 1　オークションとは

インターネット・オークションの流行で、オークションがごく身近なものに感じられるようになった人も多いのではないか。オークションは、そうとう古くからある取引の方法ではあるが、オークションの戦略的構造はかなり複雑であって、理論的に未解決の部分も多い。

オークションにはいくつかの形式があるが、いずれにしても、商品の売り手にとって、もっとも高い値でそれを購入してくれる人を効率よく探すことが目的である。コネや偶然を頼りに買い手を探すよりも、オークションを開いて潜在的な買い手を一堂に集め競わせることにより、その場で高値を引き出すほうが売り手にとって有利な結果を導くことが多い。

1980年の夏のオリンピックはモスクワで開催された。モスクワ・オリンピックのアメリカ合衆国でのテレビ放映権は8700万ドルで、アメリカ3大ネットワークのひとつのABC

が獲得した。１９７６年モントリオール大会の２５００万ドル、１９８０年レイク・プラシッド冬季大会の１５５０万ドルに比べると、物価上昇やテレビの普及を考慮しても、突然の高騰と言わざるを得ない。実は、モスクワ・オリンピックの放映権はオークションによって売却されたのである。モントリオール大会もＡＢＣが放映権を獲得したのだが、そのとき他のネットワークは交渉する場にも立てず、ＡＢＣは無競争で権利を獲得したのであった。

　オークションの先進国といえば、やはりアメリカであろう。インターネット・オークションが隆盛を迎える以前から、アメリカには小さなオークション場が相当な数あった。身のまわりのものを持ち込んでオークションをする場所は、ある程度の大きさの街ならばかならず1軒はあるのではないだろうか。家具、洋服、食器の類から電気製品、さらによくわからないガラクタ風の物がオークションにかけられ、取引されている。アメリカでインターネット・オークションが急速に普及したのは、アメリカがインターネットの先進国であることだけではなく、そのようなオークションの伝統があるためであろう。

　競り人（オークショニアー）が売り物の値段を少しずつつり上げていき、最後まで残った人が商品を競り落とすという競売形式のオークションは、もっともなじみの深いオークションの形式であろう。正確な統計が取られているのかどうかは不明だが、オークションはそのような競売形式で行われる場合がもっとも多いと推測されている。アメリカの街角にある小さなオークション場でも、オークションの形式は通常競売形式である。この場合、競り人はオークション場で働く代理人である。商品が競り落とされたときには売買代金の何％かが手数料となってオークション場の収入となる。

街角のオークション場では書籍や食器、家具をはじめ、雑多なものがオークションにかけられ取引されている。たとえばコーヒーカップのセットなんぞが売りに出される。競り人は、品物を取り上げ、オークション会場に集まった買い手に示す。

「もともと4個セットだったのが、3つしかない、しかし見た感じはかなりよい物に見えますな。スーパーで売っているような代物じゃないよ。おや、これはウエッジ・ウッドだね、ウエッジ・ウッドのコーヒーカップのセット、4つそろってたらかなりの値段だよ」などと説明を加える。ちょっと間を置いたあとで、おもむろにそれではセットで1ドルからスタートします、1ドルで誰かいないか、などと声をかける。すると、買い手の間でぱらぱらと手が上がる。これは、1ドルならば買いますよ、という意思表示である。きれいなコーヒーカップが3つで1ドル（約130円）ならば、買いたい人がたくさんいるのも当然だろう。競り人はこれをみて、それでは5ドルでは、10ドルでは、という具合にぽんぽんと値段をつり上げていく。すると、上がる手の数がみるみる減って、2、3人になってしまう。すると競り人は、じりじりと値段を上げはじめる。「16ドル。そこの黒い髪のお姉さん、16ドルでOKですか？　ちゃんと手を上げてね。17ドルはいないか？」などとやると、隅のほうに腰掛けていた男がちょっと体を動かす。「スーツの方が17ドルです。18ドルいませんか？　18ドル」。そのとたん、後ろのほうから、「20」と声がかかったりする。「あ、20ドルがでました。あちらの赤いシャツの方が20ドル。20ドル。20ドル。お姉さん、よろしいんですか？」などといわれると、それにほだされたように「21」とそのお姉さんがいうと、間髪をいれずに赤シャツが「25」と値段を一気に上げる。「むこうは25ですよ」と競り人はお姉さんに声をかける。「27」とお姉さん。すぐに赤シャツが「27ドル50セント」。お姉さんが少し顔面を紅潮させて「28ドル」というと、今度は赤シャツは無言。「今、28ドル。そこのお姉さんが28ドル。28ドルです。皆さんよいですか、28ドル3回目のコールです」、とまわりを見回し、「ハイ、それではこちらのお姉さんが28ドルでコーヒーカップセットを落札しました」と競り人は宣言する。

こうして、コーヒーカップはめでたく競り落とされたわけだ。後日、同じコーヒーカップの新品のセットが、4つそろいで34ドル99セントで売られているのを発見したお姉さんがガクゼンとしても、競り人は一切関知しない。オークションは自己責任の世界なのである。

## 2 競売の戦略的構造の基本

黒髪の女性の失敗はどこに原因があったのだろうか。まわりの雰囲気にのせられてアックなってしまったのがいけないといえばそれまでであるが、これをもう少しこまかく考えてみよう。するとまず第一に、カップのセットの価値を知らなかったこと、正確に言えば、カップのセットの自分にとっての価値額を知らなかったのがまずかったということになろう。こういうところに挑戦するのならば、最低でも競り落とそうとしている商品と似たものがちまたでいくらで取引されているのかぐらいは勉強しておくべきである。あとで述べるインターネット・オークションでは、オークションがはじまってから終わるまでの時間にかなり余裕があるので、調査はしやすいはずである。

書籍を競り落とすのならば、その定価がいくらであるのか、絶版になっているのならば古書店での大体の相場くらいは押さえておきたい。ホテルや遊戯施設の割引券がオークションにかけられていることがよくあるが、これにしてもその割引券を持っていれば、自分がいくら金銭的に得をできるのかをまず調べるべきである。最近は「定価」などあってないようなものが増えてきているから、注意が必要だ。「通常1万5000円のところを8000円で泊まれます」

という割引券に、差し引き7000円の市場価値があると即断してはもちろんいけない。通常ではないときにはいくらで泊まれるのかを調べて損はない。割引券が流通しているようなホテルに限って、何も知らずに「通常料金」で泊まるのはほんの一握りの人だけであったりする。調査ができていないような（できないような）商品のオークションには絶対に手を出してはいけない。これは戦略的考察以前の掟である。骨董《こっとう》品や美術品など、その商品の価値はおろかそれが本物かどうかはっきりしないようなものの場合、商品の価値額を推測することには相当の経験が必要であるから、その類のものに目が利きかない人はいくら自分の戦略的思考能力に自信があっても避けなければならない。

さて、少し勉強して4つそろいで34ドル99セントが新品の相場であると知っていただけでも十分ではない。次にすべきことは、その商品に自分ならばいくらまでは支払う用意があるか、その最大金額を決めておくことである。つまり、仮に競争相手がまったくいなかったとして、自分が出費してもよいと思う最大の金額、それ以上支払ったならば、商品を受け取っても損をしたと感じる金額を自問して定めておくべきである。右で述べたホテルの宿泊割引券の場合、会社で使っている旅行会社を通じて予約を入れると実は1泊1万円で泊まれると判明したとしよう。すると、通常料金の1万5000円ではなくこの1万円が基準になるから、1万円と8000円の差額の2000円が自分にとっての支払ってもよい金額の限度である。実際には割引券のやり取りのコストや予約の手間を考慮すべきで、それらを２０００円から差し引いた金額が自分の支払う用意のある最大金額となる。

カップのセットに対して、もし20ドルまで支払ってもよいと判断したならば、あとは簡単である。値段が20ドルになるまでは、相手に対して少しずつ価格を上げて対抗すればよい。なぜなら、20ドルまで払う気があるのならば、価格が20ドル未満であるときに脱落する理由は何もないからだ。もちろん、20ドル以下で相手が降りてくれれば、何がしかの利益を得ることになる。威勢よく魚のせりに参加している人たちも、せりに出されている魚を見て、まずそれがいくらで売れるかを考え、それならば今ここでいくらまでなら払ってよいかを考え、そうして競り売りに臨んでいるわけである。１０００円で売れると踏んでも、売れ残る可能性や、売れるまで魚を維持するこまごまとした費用を考えれば、１０００円で競り落としても利益が上がらないから、競り落としても損をしないぎりぎりの線を、支払ってもよい最高価格として頭に浮かべる。それが９００円であるとすれば、値段が９００円まで上がるまでは競りつづける。たまたま８００円で競り落とせれば、１００円儲かったなと喜ぶわけである。

すると、競売形式のオークションでは、買い手が冷静に思考して行動すれば、支払う意思のある最大金額がもっとも高い買い手が最後まで競りつづけるから、その人が落札すると予測できる。落札価格はというと、これは最後の競争相手が落伍する値段である。落札者の次に支払う意思のある最大金額が高い人が、その金額まで競りつづけるわけだから、それぞれの買い手が支払う意思のある最大金額の中で、全体でみて2番目に高い金額が落札金額になるはずである。たとえば、1箱の魚に対し、4人の魚屋がそれぞれ1000円、900円、800円、700円までなら支払う意思があったとしよう。値段が700円を上回ると700円の買い手が脱落し、値段が800円のとき800円の買い手が、さらには値段が900円までつりあがったときに900円の買い手が脱落する。その結果、1000円まで払ってもよいと考えている魚屋が競り勝ち、900円で落札することになる。正確には、競売では値段がつりあがる最小の単位があるから、実際の落札金額は900円近辺ということになる。

さて、幸いにもこの本を読んでいるあなたは、オークションに臨めば冷静に自分の支払う用意のある最高額を見きわめ、そこまでは競り合おうとするわけだが、世の中にはこの本にめぐり合わない不幸な人々もたくさんいる。なかには、オークションで競り勝つこと自体を目的としている人もいる。本人が意識しているかどうかは別として、こういう人は1000円までにしておこうと当初思っていても、いざ競り合いになると前後をわすれて1000円以上まで競り合ってしまう。もしその人が理屈どおりに冷静に行動してくれればあなたが1000円で競り落とせたはずの商品でも、その人のせいで2000円、3000円と値がつりあがってしまう。こういう人に対しては、そうアックなりなさんなと忠告するくらいしか手立てはない。しかも、往々にして本人にも自覚があって、気をつけてはいるらしいのだがいざその場になるとやっぱりアックなってしまうのでまったく処置なしである。このような人がオークションに参加しているとき、賢明な読者はどのように対処すべきだろうか。

答えは、「変わらない」である。つまり、もし仮に自分以外に競争相手がいないときに、最大いくらまでなら支払うつもりがあるのかを自分に問いかけ、その金額まで競り合うのがやはり最善である。もし、不幸にもアックなる競争相手がいた場合、あなたは競り落とすことができないであろうが、自分の払いたい金額以上に支払うのは愚の骨頂であるから、そういう場合には競り負けてもよしとしなければならない。アックなる相手がいなければ、理屈は前と同じであるから、やはり自分の支払う最高金額までは競り合うという戦略が最善である。つまり、最高額を決めそれまでならば競り合う、という戦略は、オークションへのほかの参加者の戦略にかかわらず最善なのである。

ひとつ例題。今、ごく普通の1万円札が競売にかかり、10人がこれを競り合うとすると落札価格はいくらになるだろうか。1万円札の市場価値は1万円で、しかもおそらくは誰にとっても、1万円札に対して支払ってもよい最高金額は1万円であろう。だから、この場合1万円以下で降りてしまう買い手は誰一人いないため、価格は1万円まで競り上がる。誰が落とすかは運によるが、落札価格は1万円になるであろう。1万円の落札価格では儲けは1銭も生じないから、運悪く落札できなかった人も、もちろん悔しがることはない。買い手にとっては、まったく儲からないオークションである。この10人のうちの1人がアックなるタイプだとすると、結果的にその人が1万円以上で競り落とすかもしれないが、そういう人と競り合っても仕方がないから、やはり先に述べた戦略が最善であることがおわかりいただけるであろう。

もちろん、現実問題として競売にかかる商品の価値評価は各自さまざまになるから、この例は非常に極端である。しかしながら、商品に対する各自の評価が正確で、かつ接近しているような競売では、競り落としても買い手はなかなか儲からないはずだということは容易に推察できるであろう。これを売り手の立場から見ると、そのようなオークションのほうが儲けが大きい理屈になる。商品を誰が一番高く評価してくれるかは前もってはわからないから、買い手をなるべく大勢集めたほうがよいわけだ。後述するインターネットでのオークションの将来性がまさにここにあるのである。

## 3　価格下落型競売

通常の競売と逆に、競り人がしだいに値を下げていって、はじめに手を挙げた人が競り落とすという価格下落型競売というオークションの方式もある（オランダ式オークション〔Dutch auction〕とも呼ばれる)。これはオランダのチューリップの競り売り、シドニーの魚市場で実際に使われている。東京中央卸売市場のひとつ、大田花卉《かき》市場では切り花や鉢植えの花木のせりが行われているが、ここでのせりの形式も価格下落型である。

値段が下がってきて、落札者が決まるというのは何か妙な感じがするかもしれないが、映画で「寅さん」がやっているたたき売りは、まさに価格下落型競売である。バーゲンの時期になって、週末に出かけるたびに季節外れの洋服の値段が下がるのも、実は価格下落型競売の一類型である。ちょっと気に入った夏物のワンピースなのだけれども、3万円はちょっと高い。せめてあと1万円安くならないかな、とあきらめて帰った1週間後、そのワンピースが1万5000円になっていたのを発見し、あわててムシリ取るようにレジにもっていき買ってしまったとしよう。これをもうすこしアカデミックに表現すると、オークションにかかっている商品がワンピースで、売っているデパートが競り人。買い手は不特定多数の客たち。競り人がしだいに値段を下げていって、一番最初に品物を手にとってレジに持っていったあなたが、落札者である。同様に、閉店が近づくにつれ、刺身用の魚の値段が下がっていくのも、価格下落型競売の応用例であって、値下げのシールがいつ貼られるかと周囲を徘徊するのも立派な戦略である。

大田花卉市場のオークションは次のような手順で進む。階段状に席が並ぶ講堂のようなせり場の前には、何人かの競り人がいて、それぞれ異なるタイプの花を扱っている。たとえば、ある競り人は洋蘭の鉢植えを次々にせりにかけ、また同じ時にある競り人は菊の切り花をせりにかけるという具合である。各競り人の後方には、それぞれ大きな電光掲示板がある。そこには巨大な時計を思わせる円形のせり値の表示器があり、そのほかせりにかかる商品の種類、せりの単位（1箱、1鉢、など）、生産者の名前などの情報が掲示される。円形のせり値表示器には、ドーナツ型に小さなライトが埋め込まれていて、左下のほうを0円として時計回りに金額があがるように目盛りがつけてある。

競り人は、せりにかかる商品を検分しつつ簡単な説明を加えながら買い手に示す。葉がしおれたりしていれば、その旨買い手に注意を促して、いよいよせりのはじまりである。競り人がせりをはじめると、円形の表示板全体に一瞬赤い灯がともり、ほとんど間髪をいれず、その右の端からひとつずつ、しかしかなりの速度でライトが消えていく。これが、せりの値段の下落に対応しているわけで

大田花卉市場でのせり

ある。買い手の座っている席の前のテーブルには入札の意思表示をするボタンがあり、それを真っ先に押した人が、そのとき表示板に示された金額で商品を買い取る権利を得るわけである。

価格下落型のオークションの大きなメリットは、せりにかかる時間の短さである。買い手の数をしだいに絞り込まなければならない競売形式だと、落札価格付近では価格を競り上げる速さを遅くせざるを得ない。一方で買い手が1人意思表示をした瞬間にオークションが決着する価格下落型ではこの問題は生じない。大田花卉市場のオークションでも、各商品についてせりがはじまってから終わるまでの時間は数秒で、説明の時間を入れてもひとつの商品が1分もかからずに次々と売りさばかれていく。

それでは、価格下落型のオークションにおいてはどのような戦略をとるべきであろうか。競り人が公開された価格を調節して落札者を決めるという点では、競売も価格下落型競売も同じであるが、両者の戦略的構造には大きな違いがある。たとえば、ある商品についてあなたの払いたいと思う最高金額が1万円だったとしよう。この商品が競売にかかっていた場合には、価格が1万円につりあがるまでは降りない、1万円になったら降りるという戦略が、ほかの人の戦略にかかわらず最善であった。

ところがこの商品が価格下落型オークションにかかった場合はそう単純ではない。価格が1万円を超えるときにはもちろん落札すべきではないが、価格がちょうど1万円のときにも落札するのは考えものである。それでは落札しても得にならないからだ。したがって、1万円まで下がってもあなたは少し我慢をしなければならない。どの程度我慢すべきかは、ほかの買い手の戦略による。もし、ほかの買い手が5000円までは落札しようと思わないということがわかっていたならば、価格が5000円近くになるまで我慢すべきであるが、それがはっきりわからないときには、下がるのを待っているうちに誰かほかの人が落札してしまうかもしれない。

つまり、価格が1万円を下回った後、どの程度まで下がるのを待つべきかは、他の参加者の戦略に依存して決まる。つまり、価格下落型競売では、競売と異なり、相手の戦略にかかわらず最善になるような戦略はない。最適な戦略をみつけるためには、他の参加者の戦略を予測する必要がある。他人の戦略まで考慮しなければならないとすると、アックなる人をはじめ得体の知れない行動基準で毎日を送っている人々のことも勘案しなければならないのでたいへんである。したがって、価格下落型のオークションで賢く行動するには勘と経験が必要になってくるので、価格下落型はプロ向きのオークション形式といえる。洋服のバーゲンや閉店時刻近くの食品売り場も、同じ理由でプロ向きの場所であるが、これらに関しては経験豊富な人々がたくさんいるのでうまく機能するのである。

また、売り手の立場から見たとき、競売と価格下落型オークションのどちらがすぐれているかは微妙な問題である。競売での落札価格は参加者の中で2番目に高い支払い金額で決まるから、一見すると価格下落型オークションのほうが有利に見える。しかし、価格下落型オークションでは誰も自分が支払う意思のある金額では買おうとはしない。したがって、参加者がじっと我慢した結果、一番高い金額を払う意思のある人が落札するのは、結局2番目に高い金額よりもはるかに低くなるかもしれないから、そのあたりの得失をきちんと評価してやらなければならないのだ。

## 4 競争入札

競争入札もオークションの形式である。これは、参加者がお互いに独立に、他の人の価格を知ることなしに入札をし、入札終了後公開して、もっとも売り手にとって有利な金額を入札した入札者が、その金額で商品を手に入れることができる。通常の商品の場合、もっとも高い金額を提示した人がその値段で品物を買えるわけだ。公共事業の工事入札は、少なくとも形式上は、競争入札であって、この場合の「売り手」は公共事業を発注する国や自治体あるいは特殊法人で、商品は工事をする権利ということになる。もっとも安い金額が、この場合売り手にとってもっとも有利な金額となる。

競争入札の戦略的構造は、価格下落型競売とほとんど同じである。価格下落型競売は、競争入札で第1位の落札者以外の入札金額が公表されないケースとみなすことができるからだ。もし競争入札方式ならば5000円と入札しようとするのであれば、価格下落型競売方式で行われた場合にも5000円まで待つべきである。5000円まで下がる前に誰かほかの人が落札するとすれば、その人はもし入札形式であったならば5000円以上の入札をしたであろうから。

## 5　インターネット・オークションでの自動入札

インターネット・オークションはかなりの勢いで普及しつつある。インターネット先進国で、しかも昔からオークションを利用して不要物の取引をする小さなオークション場がいくつもあるアメリカほどではないにしろ、日本でもすでにかなりの人がインターネット・オークションを利用しているし、インターネット・オークションに出品したい、あるいは掘り出し物を手に入れたいと考えている人まで含めれば相当な人数になるはずである。

日本語で利用できるインターネット・オークションのサイトは数多くあるが、現在日本のオークションサイトとして圧倒的に多く利用されているのは、ヤフー（Yahoo! Japan）のオークションである（http://www.yahoo.co.jp/）。アメリカで圧倒的な取引量をもつのは、オークション専門サイトのイーベイ（eBay）で、ヤフーのオークションも日本語のサイト以外では取引は多くなく、いくつかの国用のヤフーではオークションから撤退している。しかし、オークションのルール自体はほとんど同じなので、以降日本のヤフーのオークションを題材に話を進める。

ヤフーでは次のようなルールで競売を行っている。売りに出されている各商品について、商品の説明とそれを売りに出している人の簡単な情報、それに競売時間と入札最低価格（現在までの最高入札価格）が指定されている。基本的なルールは競売と同じで、一番最後まで残った落札権利者が、その最後の金額で落札するのがルールである。しかし、買い手が一堂に会して一気に勝負をつける競売とは違い、インターネット・オークションは、不特定多数の買い手が、各個人の都合のよい時間にアクセスして競売に参加できなくては意味がない。

そこで、Yahoo! オークションでは、競売人がしだいに価格を競り上げていくのではなく、売り手が出品時に指定する競売時間内ならば、買う意思のある人は、いつでも入札（ビッド bid）をすることができるようになっているという点が違いだ。競り落とす意思のある人は、その時点での入札最低価格よりも高い値段を入札すれば、その時点での落札権利者となることができる。入札自体は、画面の指定された場所に金額を入力し、ボタンをクリックするだけなので、数秒で完了する。競売終了時の落札権利者が、その人の入札金額で、売り手から商品を

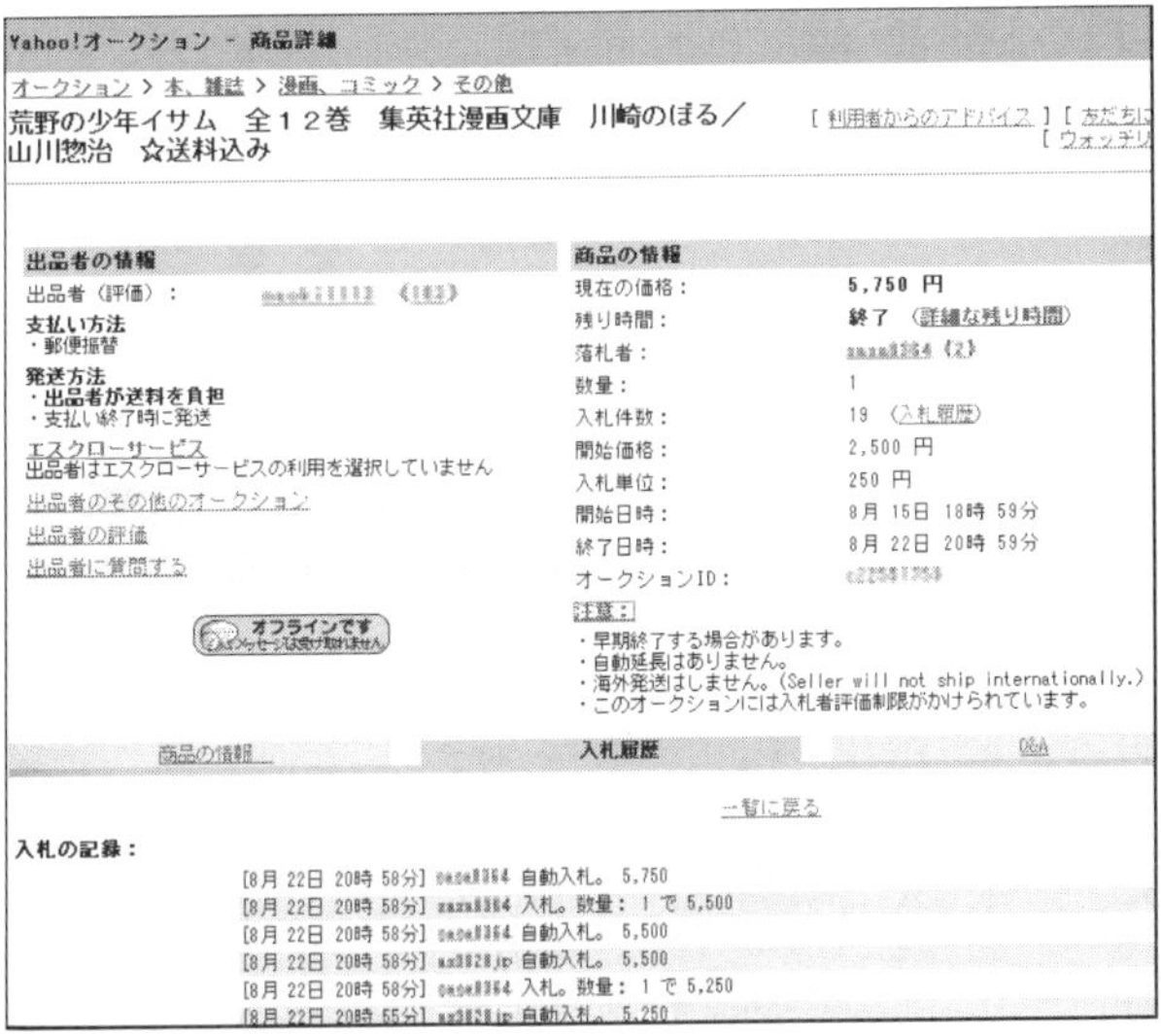


**ヤフーのオークション画面** (http://yahoo.co.jp/)

買い取る権利を得ることになる。

　ただし、より高い入札金額といっても、もし1円、1銭の単位で上回る入札まで許していたのでは、いつまでたっても価格が上昇しない。そこで、入札金額には最低の上げ幅がもうけられている。最低の上げ幅は、その時点の最高価格が1000円以上5000円未満のときは100円で、5000円以上1万円未満のときは250円になっている。たとえば、その時点の最高価格が3000円のときは、3100円以上の入札でなければ受けつけてもらえない。

　したがって、ヤフーのオークションでは、買い手が、買い手のペースでしだいに価格をつりあげていく点が標準的な競売との違いとなっているわけだが、これは腕のよい競売人がいて、買い手の気持ちを汲みつつペースをかえながら値段を上げていくのと同じことである。したがって、Yahoo!オークションの戦略的構造も標準的な競売と同じであるから、自分が支払う意思のある最高金額を決めておいて、ある時点の入札価格がその金額に満たないならば、それよりも高い金額（すなわち、現在の入札額に最低の上げ幅を加えた金額）を入札する（「アウトビッド outbid」するという）し、最高金額を超えてしまったら、もう入札はしないというのが最善の戦略である。

ところが、この戦略を実現するためには、競売期間終了間際から、サイトにアクセスしつづけ、最後まで粘って入札を繰りかえさなければならない。自分の興味がある商品の競売終了時間が、自分の都合のよい時間であるとは限らないから、わざわざ都合をつけて入札に参加するというコストを考えると、前述の戦略はかならずしもすぐれたものとはいえない。

そこで、ヤフーでは自動代理入札システムを利用するのが標準となっている。このシステムは、はじめに金額をシステムに登録しておくと、他の競争相手がアウトビッドしてきた場合、登録した金額未満であれば、自分が最高入札者でいられるように、自動的に再入札をしてくれるし、登録金額を超えると自動的にビッドをやめてしまうというものだ。登録した金額は、ほかの人にはわからない。したがって、はじめに自分の支払う用意のある最高金額を登録しておけば、競売における最善の戦略を自動的に実行してくれるはずだ。言い換えれば、買う意思があれば、自分が払う意思がある最高金額を登録しておいて、あとは何もせずにいて（すなわち入札の作業ははじめの1回だけ）、競売の期間が終わった頃にどうなったかを見に行けばよいはずだ。

ところが、すべての買い手が自動入札システムを使っているとき、各個人が指定する最高価格と入札価格の動きには面白い関係が生じる。これを具体例を使って考えてみよう。いま、ある日の午後5時を期限に売りに出されている本があるとしよう。これをAさんが見つけたときには入札価格は1000円であったので、最高価格1300円で自動入札したとしよう。このときの入札価格の上げ幅は100円であるから、Aさんは自動的に1100円（＝1000円＋100円）を入札する。そのときには、たまたま誰も1100円以上にビッドしてこなかったとしよう。すると、Aさんは仮の落札者となり、このときの入札価格1100円が画面に表示される。その後、午後3時にBさんがこの商品を見つけ、1800円を最高入札価格として入札したとする。すると、Bさんは自動入札で1200円（＝1100円＋100円）を入札し、Aさんも自動入札で1300円を入札、Bさんもこれに応じた自動入札で1400円を入札する。すると、この入札価格はAさんの設定した最高価格の1300円を上回っているので、Aさんはもう入札をしない。今度はBさんが落札の権利を得て、入札価格は1400円となる。落札の権利はアウトビッドしたBさんに移転するわけである。

さて、このあとCさんが午後4時に1600円を最高価格に自動入札をしたとすると、Cさんの入札価格は1500円（＝1400円＋100円）であるが、Bさんは自動入札で瞬時に1600円をビッドする。Cさんはそれ以上にビッドしないから、落札権利者はBさんのままだが、Bさんが見ている画面では、入札価格は突然1600円に変更されたかのように見える。つまり、Bさんの立場で見ると、自分の最高価格1800円が高すぎたため、誰かに価格をつり上げられたわけで、価格をもう少し低く設定しておけば、このような被害にはあわないかのように感じられる。このことから、このオークションの参加者には、自分の払う予定の最高額を最高価格として自動入札するのではなく、その時点の入札価格よりも少しだけ高い金額を最高入札価格にしてビッドする人が多い。

しかし、そのようにじわじわと最高入札価格を変えていくのはたいへんである。その時点の入札価格よりも少しだけ高い金額を最高入札金額にしてビッドするというのは、確かに最善の戦略を実行するものではあるが、時間のコストを考えればやめたほうがよい。これでは、最適な戦略を自動的に実行してくれるせっかくの自動入札システムの利点がまったく生かされていない。自動入札の最高入札額を何度も更新するのは、よっぽど時間に余裕のある暇な人たちか、戦略的構造を理解していないシロウトのはずである。普通の職業についている人には、お勧めできない。

しかも、あえて最高価格を自分の払う意思のある金額より下げておいて、あとからまたつりあげる戦略は、予定どおり実行するのがむずかしい。実際にオークションに参加すると、終了時刻間際になって最後の瞬間にアウトビッドされることがよくある。最後の瞬間にアウトビッドすることを「スナイピング」というが、手に入れたと思っていたものが、最後の最後で逆転されるのはたいへん悔しいから、これに対してはアウトビッドし返すべくさらに入札したくなる。それに対してまたアウトビッドされたりすると、頭に血がのぼってきて、いくらでもよいから絶対に落としてやるという気分になる。そのように冷静さを失うと、はじめに予定していた支払い金額を超えてしまっても、気合いでアウトビッドする羽目になる。実際、オークションの独特な雰囲気で、自分の決めた最高価格までしかビッドしないという戦略を冷静に運用するのはむずかしい。はじめは3000円までと思っていても、アックなると思わず高値で入札を繰りかえしてしまう傾向があるからだ。したがって、はじめに自分の支払う用意のある最高金額を登録して自動入札にしておけば、アックなることなしに、最適な戦略を自分のために実行してくれるという利点まである。

このあたりのことは、少なくともオークションの主催者には理解されているようで、どこのサイトでも、自動入札を使い、入札は一度だけするのが上手に競り落とす秘訣だということが述べてある。

## 6　競売の戦略的構造の微妙な部分

これまでの議論は、自分の払う意思のある最高価格が、オークションの最中に変わることはないという前提にもとづいている。競売の場合には、最善の戦略があると主張したが、前述の設定では、競売にかかる商品の自分にとっての価値は、競売の開始時にはすでにわかっているということを前提としていたことを思い出そう。オークションの最中に、自分が払おうとする最高価格を見直すべき可能性はある。このことによって、競売でとるべき戦略に微妙なあやが生じる。

次の例を考えよう。自分の欲しかった少年マンガの初版本を、最大1万円までなら払おうとオークションに臨んだ。ところが、実際にオークションの画面を見ていると、予想以上に入札者が多く、価格がどんどんつりあがって、1万円を突破してしまった。入札者が多いというのは、この少年マンガ本の価値が、自分の予想よりも高いということかもしれない。すなわち、入札者の多さという情報を得て合理的に再考した結果、自分の支払ってもよいと思う金額が2万円に変わるかもしれない。そんな場合には、最高価格を2万円まで上昇させるのは合理的な行動といえる。もっとも、たいていの人はそのような思考法で最高価格の改定を行っているのではないようだが。

この微妙な部分こそ、競売で希少な商品を競り合う場合の危険性をはらむ部分でもある。つまり、参加者が競売の進み方により、払おうとする金額を上方修正する可能性を悪用して、自分では買う気がないのに価格を競り上げるエージェントを使うインセンティブが売り手に生じるからである。平たく言えば、「さくら」を使うのである。

1980年のモスクワ・オリンピックの放映権はオークションで売却されたことはすでに述べたが、それには興味深いエピソードがある。モスクワのオリンピック委員会は、独占放映権は競売で売ることを決定し、3大ネットワークにそのルールを説明し入札を促したのだが、さて競売がはじまると、3大ネットワークのほかにSATRAという無名のメディア・ネットワーク組織が競売に参加し、価格をつりあげることだけを目的として入札していたのだった。

「さくら」は、もしその存在がわからないならば、売り手にとって利益をもたらすが、「さくら」がいるとわかっているオークションには誰も参加しない。問題は、「さくら」の存在いかんにかかわらず、もしオークションに「さくら」が混じっていると買い手が予想するならば、それは買い手が価格を競り上げるインセンティブを減らすであろうし、オークションにも参加しなくなるかもしれない。戦略的分析の言葉でいえば、「さくら」の存在が観測可能でないと、モラル・ハザード問題が生じる可能性があることを意味している。つまり、仮にそのオークションに「さくら」がいなくても、モラル・ハザードのためにオークションそのものが成立しなくなるから、それは売り手にとってもオークションの主催者にとっても悲劇である。

そこで、競売型のオークションにおいては、参加者に身分証明を求めたり会員制にするなどして、「さくら」の排除に気を使い、参加者に「さくら」はいないことをコミットする努力をしているのである。ところが、匿名性の高いインターネット・オークションでは、「さくら」の排除はむずかしい問題である。インターネット・オークションでは、出品者あるいは入札者の登録されたニックネームのみが開示されるから、たとえば出品した本人が、出品時と異なるニックネームでアクセスして価格をつりあげるべく入札をしても、それを摘発するのはむずかしい。ヤフーのオークションがはじめた参加者の有料登録制には、「さくら」を排除するコミットメント効果を期待する戦略的意義もあるのだが、登録料金は高くないのでどれだけ効果があるかは議論の分かれるところであろう。

また、オークションの終了の仕方によっても微妙な問題が生じる。先に展開した競売の理論は、新規の入札が続く限りオークションが続くと仮定していた。これは、誰かが競り合う意思がある限り、オークションは終わらないし、競り人は、もうそれ以上入札する人はいないということを会場にいる全員に確認を取った上で終了を宣言するからである。ところが、インターネット・オークションの場合、不特定多数の買い手がいるため、もうそれ以上入札がないということを確認することはできない。したがって、オークションの終了時刻を定め、それ以前に入札されたものだけを考慮することになる。

これによって、どのような戦略的なあやが生ずるのだろうか。仮に、終了時刻が夜の11時であるとしてみよう。もし、すべての人が冷静に最善の戦略、すなわち支払う意思のある最大金額を一度だけ自動入札する場合には、何ら変わりはない。事実上、11時前に入札した人が、オークション場に集まった人々と同じことになる。しかし、冷静ではなく、ほかの入札がくるとつい金額を上げてしまうアツイ人がいる場合を考えよう。その場合にも、支払う意思のある最大金額を一度だけ自動入札すべきであることには変わりはないのだが、それをするのは終了時刻の直前にすべきである。なぜなら、もし終了時刻前に余裕をもって入札すると、それを見たアツイ人は自分の入札金額をどんどん上げてくるからだ。その場合、もちろん競り負けてもあなたに損はないのだが、直前に入札して、アツイ人に反撃をする暇を与えなければ、よりやすく競り落とせる可能性がある。言い換えれば、アツイ人の非合理的な行動の逆手をとって、自分の利益を増やすことができるのである。

Yahoo! オークションでは、出品者は終了時刻を自動延長に指定することができる。この場合、終了間際に入札がなされた場合、オークションの終了時刻は自動的に延長されるので、さらに入札をして対抗したい人にはその時間が与えられるわけである。したがって、この場合は終了時刻と非合理的な戦略をとる人を利用して自分の利益を増やすことはむずかしい。そのため、この場合は余裕をもって最大価格を自動入札しておくのがやはり最善の戦略である。

売り手の立場から見ると、おそらくは終了時刻の自動延長を採用すべきであろう。もし、入札者がすべて合理的に最善な戦略をとるならば、自動延長をしてもしなくても結果は変わらない。ところが、非合理的な入札者が複数いる場合には、彼らはおそらく終了間際に必要以上に入札価格を上昇させるであろうから、自動延長を採用したほうが落札価格は上がるであろう。この議論が正しいかどうかは、詳しいデータがないのではっきりしたことはいえないが、調査をしてみる価値はある。

## 7 インターネット・オークションの将来

インターネット・オークションの普及ははじまったばかりであり、将来の予測はむずかしい。IT時代の取引では従来の経済理論では説明できないことが生じると主張する人も多い。この文脈でよく引き合いに出されるのが、ネット上で取引されているもので、本来同じ価格がつくべきものなのに、異なる価格がついてしまっている点である。実際、インターネット・オークションで同じようなアイテムが異なる価格で取引されていることを目撃する機会は多い。

しかし、この指摘には注意が必要だ。理論によれば本来同じ価格がつくのは、まったく同一の物であるが、抽象的な世界ではまだしも、現実世界ではなかなかまったく同一の物というものにはお目にかからない。経済理論の言う「一物一価」の原則は、あくまで抽象的な世界での一般論を言うもので、完全に同一の物が存在しない現実世界の個々の具体的アイテムに関しての主張ではない。実際、スーパーで売られているキャベツにしても厳密な意味での「一物一価」が成立することはまずありえない。たいていの人は、スーパーの買い物でキャベツを任意につかむのではなく、よりよいものを選んで買い物カゴに入れる。つまり、本来価値が異なるものに無理やり同じ価格がつけられているから選別するインセンティブが生じるのであって、ナイーブな解釈での「一物一価」が成立していないという証拠に他ならない。また、ゲームソフトなど均質性があって大量に流通している商品の取引価格を追っていくと、かなり「一物一価」に近い現象が観測できる。

また、黎明期にありがちな、参加者の慣れの問題もある。現在インターネット・オークションの戦略的構造を理解せず勘とガッツでオークションに参加し、必要以上の出費といらぬ買い物を続けている人々は、時がたつにつれてオークションにおける戦略的思考を身につけるか、あるいは損害に耐えきれずにオークションに参加することを止めてしまうであろう。つまり時間がたってオークションが十分に普及してくれば、無用にアックなることなく理論どおりにクールに行動する人が増えるであろう。経済理論が本当に見直しを必要とするかどうかを結論づけるためには、そのときまで待たねばならないであろう。

インターネットの匿名性を悪用した詐欺も問題になっている。競り落とした人が入金しなかったり、出品者が入金後約束した品物を届けない、あるいは宣伝に偽りがあったり品物が盗品であったりするケースは、数多く報告されている。これらの詐欺行為が買い手の購買意欲をそぐのは、「さくら」がいる場合と大同小異である。オークションの主催者は、詐欺行為の撲滅に全力をつくすべきである。それは道徳の問題ではなく、そうしないサイトはしだいに参加者を失い、淘汰されていくであろうからである。この場合、オークション主催者は利益追求のため詐欺行為を撲滅するインセンティブがある。ヤフーの有料登録制度はこの点でも有力であり、登録制度導入後あからさまな詐欺行為は減少している点からして、おそらくは有料参加者をふるいにかける戦略的なスクリーニングのシステムとして機能している。近い将来、インターネット・オークションのサイトが集まり第三者団体を設立し、詐欺を防ぐ努力をしているということを潜在的なオークション参加者にシグナリングするという行動も見られることであろう。

# あとがき

私は大学卒業後もずっと大学にいて、普通の仕事にはついたことがない。企業経営をしたことはおろか、通勤地獄も味わったことはない。給与を定期的にもらうサラリーマンでありながら、日本のサラリーマン生活が何たるものかもまったく知らない。本書で取り上げた身のまわりの題材は、そのような人間が脳みそをしぼりつくして思いついたものであるから、まず確実に奇妙な例が含まれていると思われる。読者はそのあたりを織り込んで本書を読み、ぜひ身のまわりの生の題材に本書で身につけた戦略的思考を生かしていただきたい。

はじめに述べたように、本書はゲーム理論への入門書でもある。しかし、あくまで戦略的な考え方を言葉で記述することが本書の目的であって、ゲーム理論の体系を網羅することは目的ではない。たとえば、この種の本ではかならず繰りかえし現れる「囚人のジレンマ」という言葉は意図的に避けた。囚人のジレンマがゲーム理論で占める位置が重要なものであるのは疑いないが、どの本を読んでもそれが現れるのではまったく興ざめで、しかも戦略的環境すなわち囚人のジレンマであるかのごとく取り扱う書籍まで散見されると、意地でも使いたくなかった。

そのような偏りのある本であるから、学問としてのゲーム理論に興味をもたれた読者は、本書にとどまらず他書をあたっていただきたい。

本書の内容は、1996年度から2001年度に私が筑波大学で担当した講義での経験や、学生との会話からヒントを得た事柄が大きく反映されている。それらの経験がなければ、このような本を書くことはなかったであろう。さまざまな形で私と関わりをもってくれた学生諸君にここで感謝したい。特に、狼秀人、佐藤幸子、高橋和宏、高橋綾香、廣瀬英隆の諸君から示された例は本書で使わせていただいた。改めて感謝の意を表したい。また、本書の初校を読み、数々の誤りや改善点を指摘してくれた宇野浩司、開発高志、佐藤幸子、高橋和宏、廣瀬英隆、前出亜紀、三谷哲史の諸氏に感謝したい。もちろん、まだ残っているであろう誤りはすべて私の責任である。

最後に、原稿を読むだけではなく、私の知らなかった数々の一般常識を執筆中に教えてくれた妻の由紀子に深く感謝したい。

二〇〇二年八月

梶井厚志

もう少しだけ数学的に精密なゲーム理論に興味をもたれた方は，梶井厚志・松井彰彦著『ミクロ経済学——戦略的アプローチ』（日本評論社，2000年）を参照していただければ幸いである．

## 第Ⅱ部

「コミットメント」と「シグナリング」の項は日本経済新聞の「やさしい経済学」で2001年，2002年に連載された「価格競争とゲーム理論」「戦略的シグナル」を発展させたものである．

ポール・ミルグロム，ジョン・ロバーツ著，奥野正寛，伊藤秀史，今井晴雄，西村理，八木甫訳『組織の経済学』（NTT出版，1997年）が，特にシグナリングの項については，参考になった．

タイプライターと蒸気エンジンの例はディキシット＝ネイルバフの前掲書からとった．

## 第Ⅲ部

「価格維持をめぐる駆け引き」の広告に関する分析はディキシット＝ネイルバフの前掲書にアメリカでの例が載っている．

テレビ放映権の逸話はジョン・マクミラン著，伊藤秀史，林田修訳『経営戦略のゲーム理論——交渉・契約・入札の戦略分析』（有斐閣，1995年）からとった．

## 参考文献

本書でふれた企業のデータについては，各企業のホームページで公開されている情報をもとにした．ニュース記事は，朝日新聞，週刊東洋経済，日本経済新聞，日経ビジネスから取り入れ，インターネットでの公開情報で確認するという方法をとった．記事が唯一のソースである場合には，出所を記した．

### 第Ⅰ部

前半部分は，日本経済新聞経済教室欄に「戦略的思考で自己研さん」という題で1999年に執筆したものが土台になっているが，これはアビナッシュ・ディキシット，バリー・ネイルバフ著，菅野隆，嶋津祐一訳『戦略的思考とは何か――エール大学式「ゲーム理論」の発想法』（ティビーエス・ブリタニカ，1991年）に題材のヒントを得た（原著はA. Dixit and B. Nalebuff, "*Thinking Strategically*", Norton, 1991）．同書はわかりやすい事例をふんだんに使い，戦略的思考の本質を見事に伝えた名著であり，筆者自身も多大な影響を受けている．原書は平明な英文でつづられており，ゲーム理論を多少は専門的に学ぼうという方には原書を一読されることを薦める．

そのほか，リスクの項では，Vijay Krishna, "*Games of Strategy: An Introduction*", Harvard Business School case 9-187-159, 1992 および Adam Brandenburger and Barry Nalebuff, "*The Right Game: Use Game Theory to Shape Strategy*", Harvard Business Review July-August 1995も参考にした．

梶井厚志（かじい・あつし）

1963年，広島県呉市生まれ．1986年，一橋大学経済学部卒業．1991年ハーバード大学大学院卒業．Ph. D. in Economics．ペンシルバニア大学助教授，筑波大学社会工学系助教授を経て，現在，大阪大学教授社会経済研究所．専攻，理論経済学，情報の経済学，一般均衡論，金融市場理論，ゲーム理論．

著書『ミクロ経済学　戦略的アプローチ』（共著，日本評論社）
　『ゲーム理論の新展開』（分担執筆，勁草書房）
　ほか
　URL http://www.iser.osaka-u.ac.jp/~kajii
　専門論文・著作リストはhttp://www.iser.osaka-u.ac.jp/~kajii/vita.html 参照．

戦略的《せんりやくてき》思考《しこう》の技術《ぎじゅつ》
中公新書 *1658*


2002年9月15日印刷
2002年9月25日発行

著　者　梶井厚志
発行者　中村　仁

本文印刷　三晃印刷
カバー印刷　大熊整美堂
製　　本　小泉製本

発行所　中央公論新社
〒104-8320
東京都中央区京橋 2-8-7
電話　販売部 03-3563-1431
　　　編集部 03-3563-3668
振替　00120-5-104508
URL http://www.chuko.co.jp/



Printed in Japan　ISBN4-12-101658-0 C1233

中公新書

## 経済・経営 I